国のために死ぬのはすばらしい？

イスラエルからきたユダヤ人家具作家の平和論

ダニー・ネフセタイ
Dany Nehushtai

高文研

はじめに

この本を書いたのは今年（二〇一六年）で日本滞在三四年になる外国人の私、ダニー・ネフセタイである。日本語は話せるが、書く言葉は村上春樹氏には程遠い。したがって村上氏のような文章を期待する人は、この本を元の書棚に戻すことをおすすめする。しかしながら、イスラエルで生まれ育ち、ワケあり教育を受け、その後日本に移住して生まれ故郷に対する別の視点を持つようになり、注文家具を作りながらより良く生きることを考え、本職と社会活動に同じ重みを感じる私の書く本に興味を持つならばぜひ読み進めてほしい。

この本は二つのパートに分かれている。

第Ⅰ部は、私と家族の物語を中心にイスラエルの歴史や暮らしを語り、なぜ日本で家族を持ち、埼玉の田舎に根を下ろすことになったのかを書いた。

第Ⅱ部は、社会活動に目覚め、戦争と原発に反対する強い思いを綴った。

外国に住んでいるイスラエル人の身分では、イスラエルの批判を口にすると、祖国の人びとからは、「三〇年以上外国に住んでいる者に何がわかるのか」と言われる。一方、日本の批判を口にすると「外国人に何がわかるのか」と言われる。しかし、私は今までもこれからも、自分の考えを生まれた国と住んでいる国に対して言い続ける。これこそ社会的責任ではないだろうか。

この本そして私の講演活動でもっとも訴えたいのは、より良い世界、公平な世界、人権について話すだけでなく、人権を尊重する世界、実際に戦争に反対する世界を望むなら、批判の声を上げる、それも控え目にではなく、大きな声を上げる必要があるというものである。

日本にもイスラエルにも褒めるべきところがたくさんある。綺麗な景色、素晴らしい人、美味しい食べ物はいうまでもなく、世界を変える発明（日本の代表的発明と言えば「CD」、「青色ダイオード」、「胃カメラ」など、イスラエルの代表的発明と言えば、「メモリースティック」、農業の給水分野で革命的とも言われた「点滴灌漑」など）もある。

しかし、良いことばかりではない。

日本語の「karoshi」が世界共通語となってしまった過重労働、自殺者数も高水準を保ったままだ。イスラエルにはパレスチナ自治区との境界に、巨大な分離壁が建設され、外の綺麗な景色を生涯見ることができないたくさんのパレスチナ人たち、終わりのない戦争で身内を失った人たちが大勢いる。

長年のイスラエルとパレスチナの紛争で、イスラエルの圧倒的な軍事力によるパレスチナ側の犠牲者の数は膨大な数に上っている。もちろん、パレスチナ人のイスラエルへのロケット弾打ち込み、バスの自爆テロ、ナイフの殺傷事件によってイスラエル人の普段の生活が脅かされるのも事実だ。しかし、なぜ、この〝報復合戦〟は始まり、なぜ現在も続いているのか、なぜイスラエルで生まれ育った人たちがこの戦争状態に終止符を打てないのか？——私なりに考えてみた。

もう一つのテーマは原発の問題である。日本は「3・11」を経験したにもかかわらず、一時期、全原発が停止していたが、一基、また一基と原発の再稼働が進められている。あろうことか、海外に原発プラントを輸出する計画もある。

この国には、声を上げることをしない大多数の人びとがいる。明るいことばかりに気を取られ、国家の弁護に走る人たちは無数にいる。私は、暗い部分にも光を当てて、そこを少しでも明るくするためにこの本を書こうと思っている。勘違いしないでほしいのは、私は綺麗なもの、食べ物や花の写真、ワインが出るパーティーに反対しているわけではない。しかし、その綺麗なものにさえ触れることのできない人たちのことを考え、彼らのために声を上げたいと考えている。

大人の責任として、私たちは先祖から譲り受けた地球を同じレベル、もしくはそれ以上の状態で次世代に手渡す義務があるはずだ。

「世界の誰一人として私たちを批判する権利はない」
――イスラエル社会を貫く一つの価値観

第二次世界大戦中のホロコースト〈註1〉では、私の多くの親族を含む六〇〇万人〈註2〉のユダヤ人が虐殺された。

一九六一年、このホロコーストに深く関与した人物の歴史的な裁判がイスラエルで開かれた。二つの意味でそれは歴史的であった。

ひとつ目は、この裁判がナチス政権による「ユダヤ人問題の最終的解決」に関与し、数百万の人々を強制収容所へ移送する計画の中枢を担ったアドルフ・アイヒマンを裁くものだったということ。一九五〇年にアイヒマンは「リカルド・クレメント」の偽名を使ってアルゼンチンへ逃亡した。六〇年、イスラエルの諜報機関モサドがアルゼンチンに潜伏していたアイヒマンを拘束し、イスラエルへ連行、翌年、アイヒマン裁判が開かれ、六二年に死刑が執行された。

ふたつ目は、当時の外務大臣ゴルダ・メイアのアイヒマン裁判後の発言が、その後のイスラエル人の認識を変えたという意味で歴史的だ。その発言とは、「私たちがされたことが明らかになった今、私たちが何をしても、世界の誰一人として私たちを批判する権利はない」――この発言の影響は現在までずっと続いている。パレスチナの人々への差別や迫害を責められた時、この言い訳を使うイスラエルの人のほとんどが、その由来があの時のゴルダ・メイア発言にあると知ら

イスラエルの法廷で裁かれるアイヒマン（ウィキペディア「アイヒマン」の項より転載

ないほどに……。

「裁判による」アイヒマンの死刑執行は、イスラエルの歴史上最初で最後のものであった。イスラエルでは一九五四年以降死刑制度は廃止されたが、例外としてナチスの元軍人と支援者に限って死刑は適用される。その唯一の死刑判決がアイヒマンに対してなされたのである。もっとも、「裁判によらない」死刑執行については、イスラエルは長年、開戦理由のはっきりとしない戦争やテロを防ぐとの疑わしい説明による作戦を通じて数千人のアラブ人やパレスチナ人を「処刑」してきた。これについては第Ⅱ部で書く。

ともかく、ゴルダ・メイアの発言によって、イスラエルは外部からの批判に一切耳を貸さない国になった。

人生の半分以上を日本で暮らしている私は、日本の選挙権は持っていないし、在外選挙が不可能なイスラエルで投票するためには選挙のたびに帰国するしかない。そこで、日本から祖国へ向けて批判的なことを発言したりすると、反論の嵐が吹くことがよくある。しかし大人として、親として、家具作家として、そして社会の一員として、私は政治に興味を持たないという逃げ道を選ぶつもりはない。そのためにも、ここ日本で投じる一票よりも大きな影響力を持てることを心がけて講演活動を行い、この本を執筆することにした。

なお、本書で使用する「ユダヤ人」「イスラエル人」「パレスチナ人」「アラブ人」については、以下のように私なりにカテゴリーを想定して記述した。

ユダヤ人―世界中に住んでいるユダヤ人（イスラエルを含めて）計一四〇〇万人

イスラエル人―イスラエル国籍を持っている人（ユダヤ人、アラブ人など）計八一〇万人

パレスチナ人―一九四八年までパレスチナ（現在のイスラエル）に住んでいたアラブ人とその子孫。世界中で計一〇五〇万人（うち三五〇万人はヨルダン川西岸とガザ地区で暮らす）

アラブ人―パレスチナ人を含めた、世界中に住んでいるアラブ系の人（イスラム系とは限らない）

※本書に掲載している写真・図版について、クレジットの明示がないものはすべて著者の提供によるものである。

【註】

〈1〉ホロコーストとは、ナチス・ドイツがユダヤ人などに対して組織的に行った大量虐殺のことで、第二次世界大戦勃発後、ナチス内部で「ヨーロッパにおけるユダヤ人問題の最終的解決」を行おうとする動きが強まり、ドイツ国内や占領地のユダヤ人を拘束し、強制収容所や絶滅収容所に送った。ユダヤ人たちは、過酷な強制労働や銃殺、人体実験、ガス室などで殺害された。ユダヤ人以外に、ロマ、スラヴ人、精神障がい者、同性愛者、「エホバの証人」の信者をはじめとする良心的兵役拒否者、共産主義者などに対する迫害もホロコーストに含んで語られることもある。

〈2〉この数字はアイヒマンの証言、ナチス・ドイツが残した名簿、ヨーロッパ在住のユダヤ人の戦前と戦後の人口差を根拠にして試算されたものである。ちなみに、イスラエルの国立ホロコースト記念館（ヤド・ヴァシェム）には四五〇万人分の犠牲者の名前が記載された名簿がある。

✴——目次

II　私はなぜ脱原発と平和を訴えるのか

イスラエル本書関連略図

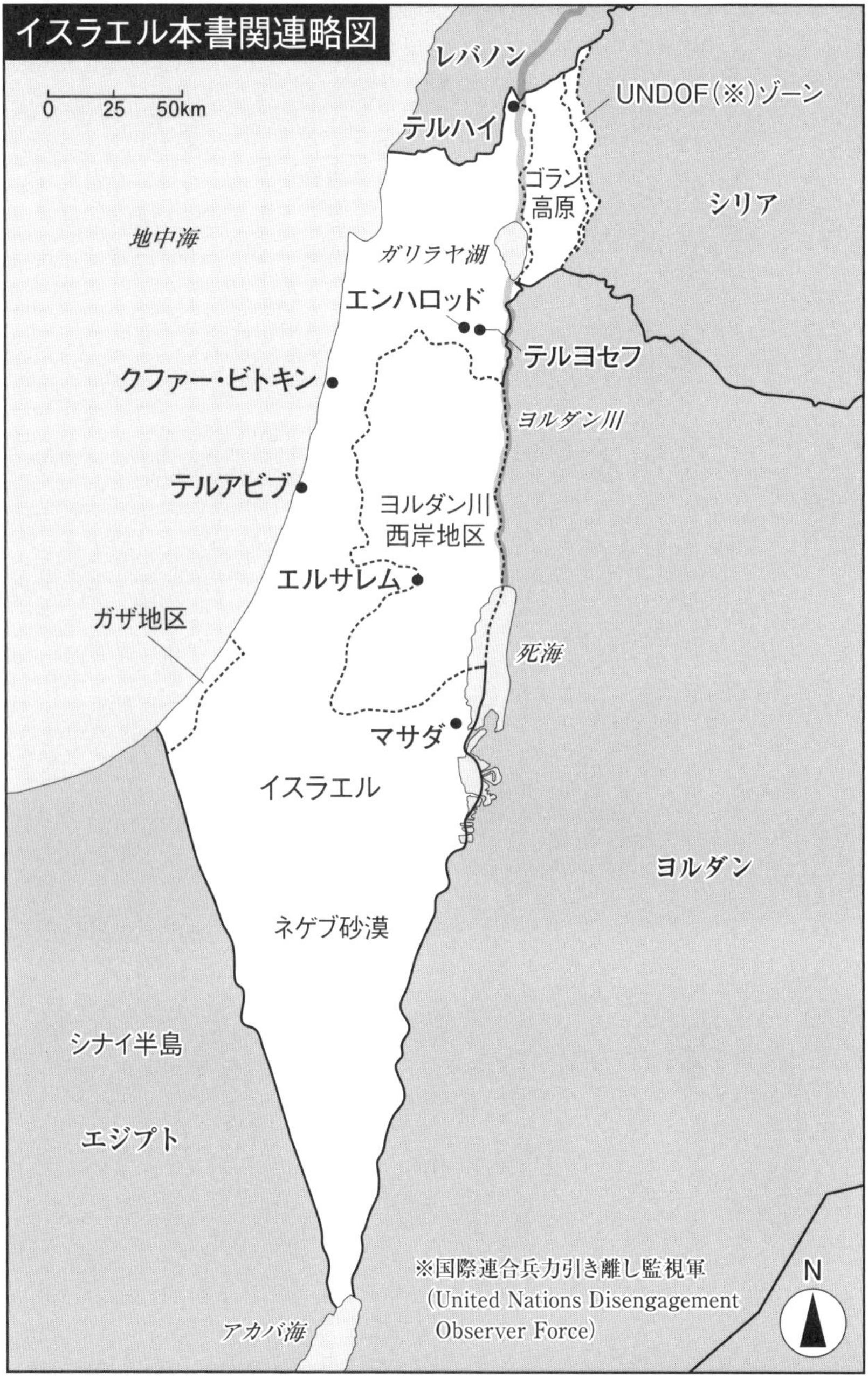

装丁＝商業デザインセンター・山田　由貴

I

イスラエル出身の私が日本で家具作家になった理由《わけ》

イスラエル空軍パイロット養成コース時代の著者（19 歳）

移民国家イスラエル

私は一九五七年、イスラエル中部のモシャブ〈註1〉「クファー・ビトキン」で四人兄弟の次男として生まれた。

私の祖父母の世代は、一九四八年のイスラエル建国前に、シオニズム〈註2〉運動の一環で移住してきた人びとが大部分である。当時はイギリスの統治下で、移住してきたユダヤ人の間でも「パレスチナ」と呼ばれる地域だった。イスラエルという国名は旧約聖書に載っている地名で、意味は「神様と共に」である。一九四八年のイギリスからの独立以来、この地域は正式に「パレスチナ」から「イスラエル」に変更された（筆者注――混乱を避けるために、一九四八年以前の地名も「イスラエル」と書くことにする）。

私の父方の祖父母は一九二〇年にポーランドから、母方の祖父母は一九二四年にドイツからやって来た。その他ロシア、東欧諸国などから一九〇四〜四八年までに三一万人のユダヤ人が移住してきた。モロッコやイエメン、イラクなど中東からのユダヤ人は主に建国後移住してきた。当然、私の両親はイスラエル生まれだ。

移民で構成される国で生まれた私たちは、さまざまな文化を見ながら育った。日本で暮らしていれば、大都市はともかく、郷土料理にしてもエスニック料理にしても、本場の料理を味わうにはやはりその土地を訪ねなければならないが、イスラエルでは隣の家に行くだけでそれがこと足りる。私の祖父母はドイツとポーランドからの移民だったが、近所にはブルガリアから移住してきた一家が住んでいた。

父方の祖父母（上）と母方の祖父母

私の祖父母のようにシオニズム運動によって、多くのヨーロッパのユダヤ人がイスラエルに移住してきたが、ヨーロッパ中の全てのユダヤ人がイスラエルに渡ったわけではない。一九二〇年代からヨーロッパで高まり始めた反ユダヤ主義にさらされたユダヤ人は、イスラエルに移住、ヨーロッパに残留、イスラエル以外の国への移住の決断を迫られた。

❖イスラエルに移住したユダヤ人

建国前にやってきた祖父母のようなユダヤ人、建国後に中東などからやってきたユダヤ人たちによって、現在のイスラエルの形が作り始められた。しかし、それは愚かなことに、その土地に元々住んでいたアラブ人を傷めつけながらのことだった。

私が生まれ育ったモシャブでは、畑の各エリアに名前が付けられていた。あるエリアは「シュマリ」、またあるエリアは「クバニ」という風に。私たちにとってこの二つのエリア名の響きはどこか神秘的に聞こえた。疑問に感じた私たちに大人たちは教えてくれた。この名前は、一九四八年までそこに居住していたアラブ人の村の名前だったのだ、と。なんと、私が生まれる九年前まですぐ隣にアラブ人の村が存在していたのだ。

私たちは学校で建国のための土地購入は合法だったと教えられ、それを信じた。かつて私たちの村に住んでいたアラブ人がその後どうなったのか、どこへ消えてしまったのか疑問に感じたことはなかった。疑問に感じることがあったとしても、それを深追いすることはどこかタブーな雰囲気があった。

　二〇〇八年、パレスチナ・イスラエル紛争史、人権問題の研究者である、イスラエルの女性ノガ・カドマン（Noga Kadman）が『Erased from Space and Consciousness』（『空間と意識からの消去』、ヘブライ語版と英語版あり）を刊行した。それは、イスラエル各地にかつて存在したアラブ人の村がどうなったのかを追った記録である。

　この本によると、イスラエルは独立とともに四一八のアラブ人の村々を破壊し、住んでいた六〇～七六万もの人々は殺されたり、隣国に流出して難民となった。イスラエルに残ったアラブ人もいたが、その後イスラエル政府は村々の痕跡を徹底的に消し去り、人々の意識・記憶からもアラブ人の村が存在したことを消し去ってしまった。政府のやり方は実に周到で、建国直後に行った人口調査により、イスラエルに在住す

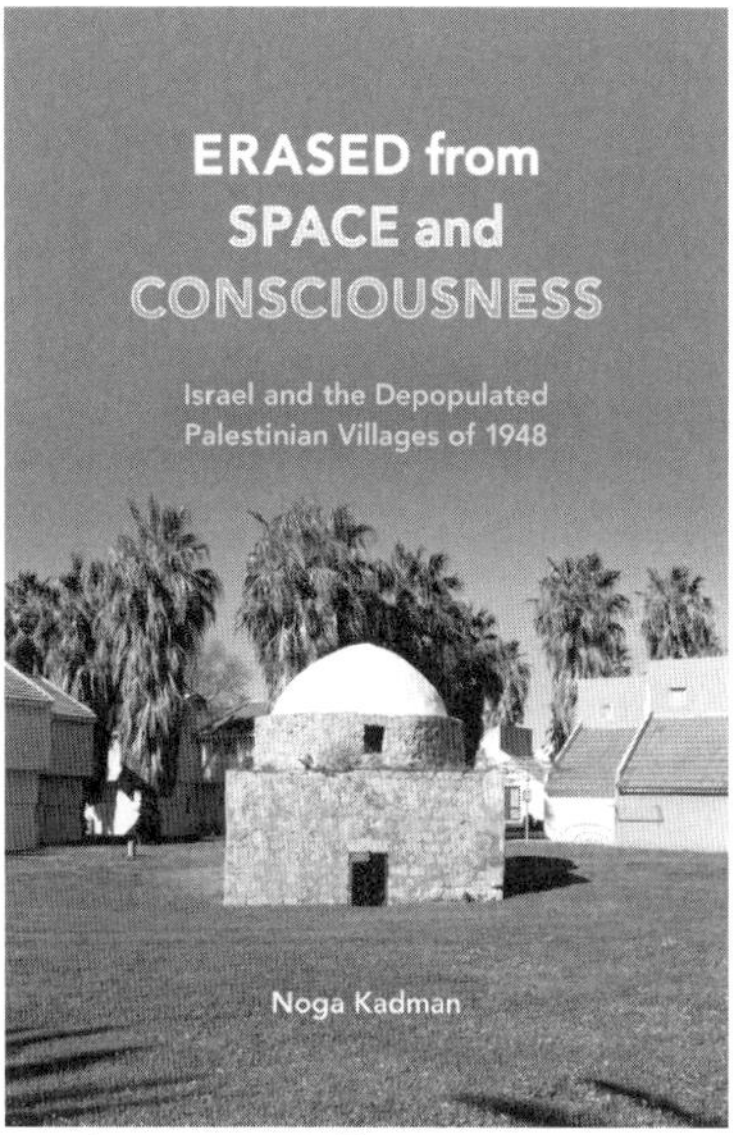

ノガ・カドマン著『Erased from Space and Consciousness（空間と意識からの消去）』（Indiana university press）

る全ユダヤ人と全アラブ人にイスラエル国籍を与え、追い出したアラブ人の資産と土地を没収した。

この事実を知っている人はイスラエル国民全体の中でも非常に少ない。それを知っている人でさえ、この事実に真面目に向き合おうとしない人も多い。公平を期すため断っておくと、イスラエル政府が正式に購入した土地もなかにはある。しかしイスラエル建国にともなって土地と生活基盤を失ったアラブ人に対して、イスラエルからの金銭面の補償、そして道徳的な謝罪はいまだ明確に行われていない。

❖砂漠のイメージが先行するイスラエルでは住みにくいと考え、また生まれ育ったヨーロッパに文化的な優越を感じ、忍び寄るホロコーストを予測できずにヨーロッパに残ると決めたユダヤ人

このユダヤ人たちのほとんどは、後にナチスドイツによってガス室に送られた。ガス室で命を落とした六〇〇万人の中には、ヨーロッパ残留を選択したユダヤ人だけでなく、ナチスの「ユダヤ人問題の最終的解決」のために、出国を願ってもそれが叶わなかったユダヤ人が多くいた。

収容所で犠牲になった母方の祖父の双子の兄弟、両親、そしておそらく父方の祖父母の家族のほとんどがこのカテゴリーに含まれているが、彼らの辿った運命について、私はあまり深くを知らない。これは家族の中で、「話してはいけない」部類の話だったのだ。「話してはいけない」の意味については後で詳しく触れる（三四ページ「家族を覆う『戦争の影』」参照）。

❖ヨーロッパでの危機を感知したが、イスラエルではなくアメリカをはじめとした別の国へ移住したユダヤ人

このカテゴリーのユダヤ人には、私の、チリに移住した母方の祖父の弟、イギリスに移住した母方の祖母の弟、そしてアメリカに移住したたくさんの親戚も含まれる。親戚たちは数年に一度、私たちのところに訪問し、大きな革のスーツケースいっぱいに外国土産を持ってきてくれた。彼らがスーツケースを開くと、〝異国の香り〟がいっぱいに広がった（今から考えると、あの香りは、実は環境に悪い外国製の洗剤によるものだったと思うと、幾分しらけるのだが）。

主にアメリカに移住したユダヤ人たちは、今のアメリカとイスラエルの特殊な関係を理

解するうえで鍵となる人びとであった。国際関係に詳しい人は当然、アメリカとイスラエルの間に特殊な政治的、経済的な結びつきがあることは知っているだろう。アメリカはどのような場面においてもイスラエルを擁護し、イスラエルに対する国連決議案には必ず拒否権を発動してきた。イスラエルのヨルダン川西岸地区への入植も、表向きは否定してみせるが、それを止める具体的な圧力をかけることはない。

さらには他のどの国よりも優先的に、イスラエルに対して最新型の兵器を輸出している。この兵器の購入資金は、アメリカが毎年イスラエルに支払う軍事支援金が財源となっている。イスラエルのThe Marker紙（二〇一五年一一月一〇日付）によると、一九八五年以来、この軍事支援金は年間三〇億ドルで、アメリカの諸外国への軍事支援金の総額のほぼ五五％にあたる。最新の「Walla」ネットニュース情報では、二〇一六年九月のイスラエルとアメリカの軍事支援の見直しによって、二〇一九〜二八年は、イスラエルは毎年三七億ドルの支援を受けることが決まった。それ以前は支援金の二六％をイスラエル製の兵器購入に使えたが、六年間に段階的に支援金の一〇〇％をアメリカ製の兵器購入に使わなければならなくなった。

なぜこれほどまでに、アメリカは外交・軍事においてイスラエルを支援する立場をとるのだろうか。その理由の一つは、私の祖父母がイスラエルに移住したのと同時期にアメリカへ渡って行ったユダヤ人たちのその後にある。

私の祖父母は先進的なヨーロッパをあとにし、インフラの未発達なイスラエルへ移住してきた。彼らの大半は人生経験の浅い二〇代前半の若者たちだった。建設が始まったばかりの都市テルアビブへは行かず、北部のテルヨセフ、エンハロッドという、産声をあげたばかりのキブツ〈註3〉に入植した。

沼地を開拓する入植者たち（祖父母が入植したキブツ「Ein Harod（エンハロッド）」のＨＰより転載）

祖父母たちは、沼地に生息しているハマダラ蚊が媒介するマラリアに悩まされながら、オーストラリアから輸入したユーカリの苗を植樹し、沼地を干拓し農地に変えた。道路や灌漑設備などのインフラ建設に投入する重機や工作機械は足りず、労働力も不足して困難を極めた。テントや掘っ立て小屋での生活は長年に渡り、そして時にアラブ人との衝突もあった。ヨーロッパから次々にやってきて生活圏を広げていくユダヤ人との間にトラブルが生じるのは必然のことだった。今になって後悔しているのは、祖父母から当時の話を詳しく聴きとっておかなかったことだ。

そんなイスラエル移住組と比べて、アメリカに向かったユダヤ人たちは安定した生活基盤を築く苦労が少なかった。アメリカ社会に適応し、経済的・社会的な成功を収め、一定の影響力を持つようになったユダヤ人たちは、〝祖国〟の同胞を支援しなくてはいけないと感じ始め、イスラエルに金銭的な支援をするようになった。これが第一の理由だ。第二の理由としては、彼らがアメリカ社会に影響力を持ち始めると、今度はアメリカが国家としてイスラエルを支援するように働きかけるようになった。いわゆるユダヤロビーである。

現在、哲学者・言語学者であるノーム・チョムスキーやピアニスト・指揮者であるダニエル・バレンボイムをはじめとして、平和実現のために声を上げ、さらにイスラエルの入植反対まで発言するアメリカのユダヤ人もいるが、イスラエルのユダヤ人はこれらの批判の声には一切耳を貸さない。「批判をしたければイスラエルに来てからにしてくれ」という態度をとる。イスラエルから発せられるメッセージは、端的に言うと「アメリカにいる限り黙って金を払え」というものだ。

今のところ、アメリカのユダヤ人たちの多くはイスラエル支援にまわり、異を唱えることはしていない。イスラエル―アメリカの怪しい関係については、後で詳しく触れる（一六〇ページ参照）。

一九四八年五月一四日、初代首相ベングリオンが独立宣言をした。宣言の前半は、ユダヤ人はその昔この地に誕生し、長年世界各地に暮らし、この地に戻ることを夢見ていたことが書かれ、後半には以下のように書かれている。

イスラエル国は、ユダヤ人移民を受け入れ、全住民の福祉と利益のために国土開発に努力する。イスラエルの預言者らによって語られた自由と正義と平和を基礎におき宗教、人種、性別に関わりなく全ての住民に社会上及び政治上の完全にして平等の権利を確保し、信仰、良心、言語、教育及び文化の自由を保証、全ての宗教の聖所を保護し、国連憲章の諸原則を忠実に守る。

我々は、すべての近隣諸国とその国民に、平和と善隣友好の手を差しのべ、彼らが民族の地に定住したユダヤの主権国家と協力し、助け合いの固いきずなを結ぶよう呼びかける。

独立宣言にはいずれ憲法を制定するとも書いてある。しかし建国から約七〇年、最高法規の国家基本法はあるものの、憲法はまだできていない。

独立宣言には「宗教、人種、性別に関わりなく全ての住民に社会上及び政治上の完全にして平等の権利を確保し」と書いてあるが、実際にはアラブ人はもちろんのこと、さまざまな民族差別がある。

例えば、どこの国からの移民かという点で特有の差別意識が存在する。それは教育水準、職業選択、結婚相手などに現れる。西欧諸国、ロシア、ポーランドなどからの移民を「アシュケナジム」と呼び、イラン、イラク、イエメン、モロッコ、さらにブルガリア、ユーゴスラビアなどの東欧諸国からの移民を「スファラディム」と呼ぶ。建国から七〇年になろうとする今でも、西欧からの移民はアラブ諸国からの移民に比べて「格が高い」とされる。国会議員、医師、大学教授、弁護士には「スファラディム」出身者は圧倒的に少ない。

イスラエルで暮らすユダヤ人と、私のように外国で暮らすユダヤ人の間にも差別がある。ヘブライ語でイスラエルに移住することを「アリヤ」という。これはイスラエルに「上る」という意味で、日本語の「上京」と同じ意味合いだ。一方で、私のようにイスラエルを離れて外国に住んでいる人を「ヨレッド」と呼んでいる。これは「下がる」という意味で、現在でもイスラエルに住んでいる人から見て、国を捨てた人、国を裏切った人という蔑視が含まれる言葉だ。

【註】

〈1〉モシャブとは、一九二一年に創設されたユダヤ人入植村の一種で、イスラエル各地に存在する。家族労働力のみで構成された家族経営の農場を、村落単位の協同組合が緩やかにまとめる。現在は約四五〇カ所。国の全人口の二・八％を占める。

〈2〉一九世紀半ばからヨーロッパ各地でユダヤ人への迫害・差別が激化したため、ユダヤ人の中からユダヤ国家建設を説く人びとが現れた。ユダヤ人の国家を「シオンの丘（聖地エルサレム）」に築くための帰還運動・思想の総称をシオニズムという。

〈3〉キブツとは、二〇世紀初頭、帝政ロシアの迫害から逃れたユダヤ人がイスラエルに移住し、集団生活を始めたのが始まりである。社会主義とシオニズムが結合し、生産的自力労働、集団責任、身分の平等、機会均等という四大原則を掲げたキブツは、イスラエル独特の共同体で、イスラエル建国以来、初代首相ベングリオン、女性首相ゴルダ・メイアら数多くの政治指導者を輩出した。現在は約二七〇カ所。国の全人口の一・八％を占める。

「国のために死ぬのはすばらしい」
――軍事国家イスラエルを支える愛国心教育

毎年五月に行われるユダヤ教の祭日、ラグバオメル。この祭日ではイスラエル中の子どもたちが楽しく焚き火をする。実はこの祭りの由来がわからず、いろいろと調べたが、はっきりとした説明が見つからなかった。しかし、今も続いている伝統行事である。

まず、私たちはクラス単位で砂浜に集まる。焚き火のための準備は大掛かりで、私たちのモシャブでは牛小屋に行って焚き火で丸焼きにするための鳩を捕まえる。牛の飼料をつけいばみにくる鳩を狙うのだ。また、集めた薪を他のクラスに取られないように見張り番をつける。

日没とともに薪に火をつける。クライマックスは、子どもたちの大歓声の中、木と古着で作ったカカシ大の人形に火が燃え移る瞬間だ。私たちは炎に包まれる人形を指差して、「あれはヒトラーだ」「あれはナーセル（エジプト共和国第二代大統領〈任期：一九五六年六月二五日〜七〇年九月二八日〉だ！」と言って罵ったものだ。

イスラエルのテレビニュースでは、イスラエル国旗に火をつけるパレスチナ人の子どもの映像をよく目にする。パレスチナ人の子どもが国旗を焼くのは、イスラエルを憎むような教育を受けているからだと思っているイスラエル国民も多い。しかしそれと同じように、私たちイスラエルの子どもは、敵国の国旗はおろか、エジプト大統領を模した人形にさえ火をつけていたのだ。それを周囲の大人たちは、子どものすることだからと気にも留めず、黙認していた。

ラグバオメルの焚き火　© MizIno

現在、エジプトとイスラエルの間には平和条約が結ばれているが、当時エジプトとの和平は不可能だと私たちは教えられていた。エジプトのナーセル大統領はヒトラーのような人物だとも聞かされていた。だからこそラグバオメルの焚き火では、ヒトラーに加えてナーセルの人形を燃やしたのだ。
現在も嫌っている人の人形を焼く慣習が続いてい

る。対象となるのは敵国のリーダーが多いのだが、自国の政治家の人形も登場することがある。

余談になるが、この祭りを私のヘブライ語のブログに書いたら、「私たちは敵国のリーダーの人形を焼くなんてことは一年に一回の祭日でやったかもしれないけど、相手側はそれを毎日のようにやっているよ」というコメントが付いた。私たちイスラエルの子どもは、「相手を嫌っているのはイスラエル側ではなく、アラブ側である」「戦争を望んでいるアラブ人と違い、私たちユダヤ人は平和を愛する優れた民族である」「悪者のアラブ人とは和平交渉も不可能だし、彼らの言うこともけっして信用できない」と信じ込まされている。それは学校の教育だけでなく、家庭や地域、メディアで接する情報の積み重ねによって、固い〝信念〟が作りあげられるのだ。

さらに、イスラエルの子どもたちが就学前から教え込まれる二つの物語がある。

私たちが受ける教育の中では、マサダとテルハイの教訓が強調されてきた。それは「捕虜になってはいけない、最後まで戦い続ける」、「国のために死ぬのはすばらしい」というもの。

マサダ要塞の遺跡

マサダとはイスラエル東部、死海西岸近くにある岩山である。西暦七〇年、ローマ帝国がエルサレムのユダヤ教第二神殿を破壊し、ユダヤ人をイスラエルから追い出した。追放を逃れた九〇〇人のユダヤ人たちはマサダに逃げ込み、そこで三年間、ローマ軍に抵抗し続けた。しかし西暦七三年のある晩、ローマ軍の突入直前に彼らは集団自決した。

この「国民の歴史」というべき物語によって、私たちは「戦争とは勝つか死ぬか、たとえ自殺しても敵に降伏しない」とたたき込まれてきた。入隊を目前に控えた一八歳の青年だけでなく、六歳の子どもでさえこれを当然としている。

私が高校二年だった一九七三年の第四次中東戦争で、ある部隊が降伏してエジプト軍の捕虜となる事件が起きた。この事件を知った国内世論は、「裏切り行為だ」と沸騰した。私も例外ではなく、「よくも死ぬまで戦わずに捕虜になったな！　マサダの教訓はどこへいったんだ！」と憤慨した。奇しくも、あのマサダ要塞での集団自決から一九〇〇年後の出来事だった。

もう一つ、「国民の物語」がある。

イスラエル北部のテルハイには吠えるライオンの像が建っている。

この像の第一行目に刻まれているのが「国のために死ぬのはすばらしい」という言葉。二〇世紀の初め、ヨーロッパから移住した数十人のユダヤ人がテルハイで集団生活していた。当時のテルハイはアラブ人の多い地域の中で作られたユダヤ人の入植地で、頻繁にアラブ人との衝突が起きていた。

一九二〇年三月一日、最終的な戦いでリーダーのヨセフ・トルンペルドールたち数人が戦死した。彼は死ぬ間際に「国のために死ぬのはすばらしい」と言ったとされる。ちなみにトルンペルドールはロシアに生まれ、日露戦争（一九〇四～〇五年）に従軍、日本軍の捕虜となり、現在の大阪府高石市に設置された「浜寺俘虜収容所」にいたことがある。彼は収容所で、ユダヤ人リーダーとして新聞を発行し、〝武士道精神〟にも触れたといわれている。一九〇五年、釈放されてロシアに戻り、シオニズム運動に身を投じた。一二年、イスラエルに移住し、テルハイに移った。トルンペルドールは、イスラエル建国前にアラブ人と勇敢に戦った〝建国の獅子〟として歴史上の英雄となった。

私たちは彼が残した言葉を小学校時代から刷り込まれてきた。イスラエルの歴史は戦争の連続であるが、その中でも「テルハイの戦い」は特別で、「テルハイの日」という毎年の学校行事にもなっている。この行事の一週間前から子どもたちは準備を始め、教室の壁にはみんなで作った黒板ほどもある巨大な横断幕を掲げる。その横断幕のスローガンが「国のために死ぬのはすばらしい」なのである。

テルハイに立つライオンの像　© Ori Gur Arieh

家族を覆う「戦争の影」

❖アウシュビッツからやってきた祖父

家族の物語に戻る。

私の父方の祖父ヨセフは、一九〇二年、ポーランドの小さな町、オシフィエンチムでうまれた。この町が世界中の人びとに知られるきっかけは、一九三九年、ポーランドに侵攻したドイツ軍がこの町を占領し、町の名を「オシフィエンチム」から、ドイツ語の「アウシュビッツ」に変えられたことである。祖父ヨセフは一九二〇年にイスラエルへ移民し、その三〇年後に自殺した。

なぜ自殺したのかは明らかになっていない。自殺者が出た家族では、自殺者に関する質問が禁じられているのだ。誰かが「自殺者に関する質問をしてはならぬ」と戒めるわけではない。ただ、家の中に流れる空気からそう感じとるのだ。少なくとも私の家ではそうだった。
〈「沈黙が美」のときもある〉――これは父方の祖母ショシャナの言葉で、悲痛の声をあげるより黙って我慢した方が美しいときもあるという意味である。この言葉を祖母が口にしたのは、祖父の自殺の前なのか後なのかはわからない。

当時、イスラエルに移住した多くのユダヤ人がヨーロッパに家族や親戚を残してきていた。オシフィエンチムにたくさんの親族を残してきたヨセフにとって、大戦中に彼らに降りかかった残酷な死を知るにつれて希望や喜びをなくしてしまったのではないかと想像することができる。もちろんこれは私の推測に過ぎず、まったく別の理由があったのかもしれない。

私たちはホロコーストで亡くなった親戚について何も知らされなかったし、祖父の自殺と同じように、死に関することを口にしてはいけないような空気が流れていた。ヨセフの自殺の原因は、イスラエルでの生活が彼に合わなかったのか、祖母ショショナと結婚して私の父を含む三人の子どもに恵まれたのにもかかわらず、故郷オシフィエンチムでの残酷な「死の噂」が彼の人生から希望を奪い、抱え切れない影を落としたのかもしれない。

戦争の影響はただちに現れることはなかったが、それはゆっくりと時間をかけて姿を現し、一人ひとりの人生に影を落としたのだと私は考えている。

❖父の自殺

一九六九年四月二七日。昼ごはんの時間帯。いつもは帰ってくるはずの父、ナタン・ネフセタイが、その日は畑仕事から戻ってこなかった。不安に駆られた母に頼まれて（筆者注――後年わかったことだが、父は自殺未遂で長期の入院をしたことがあった。未遂が一回だけだったのかそれとも数回あったことなのか、それは今でもわからない）、当時一二歳だった私と二つ上の兄ギルは自転車に乗って畑に向かった。ギルはみかん畑の入り口で私を降ろし、私はそこから自転車では通れない砂の道を走りだした。ギルはそのままピーカンナッツ畑（筆者注――ピーカンナッツとはくるみのような木の実でお菓子の材料にしたり、生のままでも食べられる）へ向かって走り続けた。「またあとで同じ場所で会おう」と約束して……。

およそ二〇分後、ギルが別人のように真っ青な顔をして戻ってきた。私たちはすぐさま助けを呼びに走った。父は母に付き添われて病院に搬送された。

どのくらいの時間がたっただろう。母は病院から戻ってきてこう言った。「もう終わったのよ。お父さんは亡くなったわ」。

この瞬間、父は私たちの人生から姿を消した。私を含むきょうだい三人は葬式にも参列せず、その後の墓参りも行われなかったばかりか、父の名前や思い出話も私たちの家から

著者の父と母。16年の結婚生活で一緒に写る数少ない写真の一枚

完全に消えてしまった……。

私が記憶しているのは父が亡くなる三日前のことである。父は精神的にかなり苦しんでいたに違いない。夕方の乳搾りのあと、私とともにトラクターに乗って父の姉が住む家に向かった。一二歳の私にとって、「伯母の家を訪ねるのはいつも週末なのにこの時はなぜ？」と、父の死後長い間疑問を抱えていた。ようやく解けた謎は次のようなことだ。

この訪問で父は、伯母に自分の苦しみを訴えた。翌日、彼女は当時父を診ていた精神科医に連絡し、直ちに父を診察してくれるよう頼んだ。しかし精神科医は、もう週末になるので二七日の日曜日にまた連絡をするように言った。

そしてその四月二七日。父は大好きだったピーカンナッツ畑で自殺した。自殺には農薬を使った。農家の人が自殺する場合は大抵この方法が使われる。父はその時四二歳で、母も四二歳。兄一四歳。私一二歳。妹九歳だった。私の一番下の妹はその時、母の胎内にいた。母はどれほど辛い思いをしたことだろう。父の自殺からちょうど三カ月後の一九六九年七月二七日に妹は生まれた。

驚くべきことに父が自殺したことを、私は他人から聞かされた。父の死後二年半が経ったある日、当時のガールフレンドから——

「そういえば、あなたと○○君て共通点があるわよね」

「え、どんな共通点？」

「だって彼のお父さんも自殺したんだもの」

「〝も〟!?」

全く信じられなかった。

「え、あなたのお父さんが自殺だったということを知らなかったの？」

「知らなかったよ。なんで君は知っているの？」

「友だちから聞いたのよ。みんな知ってるわよ」

当然、彼女は私も知っているものと思っていたのだろう。

今も、この事実を初めて知った私か、二年半の間「家族の秘密」とされていた事実を自分が話してしまったと気付いた彼女のどちらが驚愕したのか、私は決めかねている。私の兄も自殺の数年後、同じようにガールフレンドから父の自殺の事実を知らされたと言っていた。

親族が自殺した事実を他人から聞かされるということが実際にあるのかと思う人もいるだろう。しかし、本当のことなのだ。それが祖母ショシャナの言葉〈「沈黙が美」のときもある〉が私の家族にもたらした結果なのである。

そして私や兄が父の自殺を知った後も、私たち家族は「沈黙が美」を守った。他人は誰も真実を知らないだろう――こう思い込んで、人との会話で父のことに話が及びそうになると、どうにかして話題をそらそうとした。これが、自殺者の遺族なのだ。

後年、イスラエルへ一時帰国した際、私は母と車に乗っていた。ある交差点に差し掛かった時、母は私に右折するようにと頼んだ。なぜと聞くと母は、そこを左に行くと父が自殺未遂を起こして入院していた施設の前を通る、そこは悲しいことを思い出す、と答えた。それが起こったのは四〇年前のことであるにも関わらず、である。このように自殺者の遺族は一生その事実を背負って人生をおくることになる。

父が私たちの家族の元に戻ってきたのは、私の妹が自殺についての本を書くためのリサーチをし始めてからだった。それは、父の自殺から三〇年以上の時間が流れた後のことだ。

妹は執筆のために自分の経験を話してくれる遺族を探した。その過程で何度か、「なぜうちの家族に自殺があったと知っているの？」と言われたそうだ。そのたびに妹は「誰もが知っている事実なのになぜ？」と疑問を感じていたが、執筆リサーチを続けるうちに、自分の家族もそうだったように「これが自殺者の遺族の傾向だ」ということを次第に理解していった。彼女の本には私たち家族が特別だったのではなく、自殺者の遺族はみな同じ思いを共有しているということが書かれている。

当初、その本のタイトルは『自殺が残された家族に与える影響』だった。私はこの本によって、常に自殺者の遺族の中には「触れてはいけないタブー」があるということを知った。自殺という死に方は、病死、事故死、戦死、他の死因と同じく一つの死に方である。その事実を隠そうとするのは、遺族とその周囲の「恥ずかしい」という古い固定観念によることを妹の本から学んだ。妹の本を読んでからは、「お父さんはどうして亡くなったの？」と聞かれた時には、嘘をつくでもなく話題をそらすでもなく、はっきりと「自殺でした」と答えることができるようになった。

先に述べたように、私たちは「国のために死ぬのはすばらしい」というような教育を受けていた。したがって、「戦死」はもっとも栄誉ある死だというのが国民共通の認識だ。逆に自殺という死は恥ずかしい行為だというのも一般的な考え方として浸透している。「自殺」と「戦死」に対する認識の大きな差に気がついて、妹は本のタイトルを『自殺が残された家族に与える影響』から『戦争で死ねば良かった』に変更した。

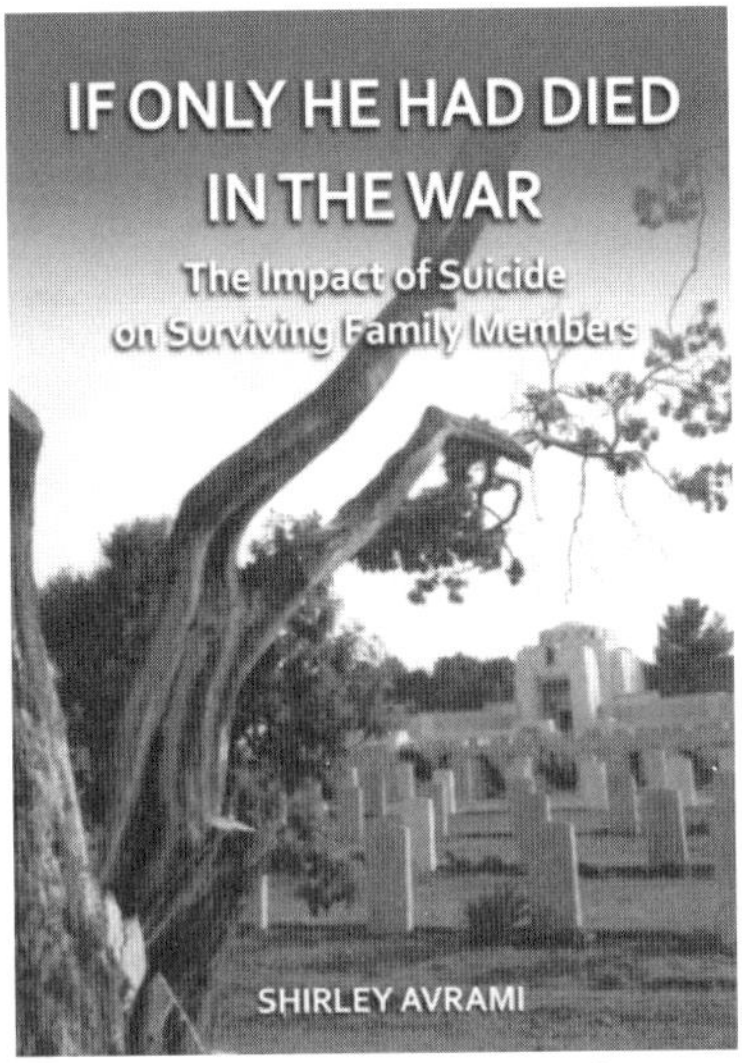

著者の妹シャリー・アブラミ著『If only he had died in the war』

二〇〇七年、私たち家族はイスラエルを訪問した。私たちの訪問に合わせて父の自殺から約四〇年が経過して初めての法事が行われた（筆者注――普通、人が亡くなればイスラエルでも日本と同じように法事を重ねる）。私たちの他に法事に呼ばれたのは父と母の友人たち、私たち四人きょうだいの友人たち、親戚、そしてモシャブの大勢の人たち。法事にあたって、私たちは参列者の前で朗読する文を用意した。ここに記しておこうと思う。

父の自殺からざっと四〇年。自分の中にある父の思い出を辿ってみました。しかし、驚いたことにほとんど何も覚えてはいない自分に気付くのです。彼の声も、彼が言った言葉も、彼と話した内容もなかなか思い出せないのです。

あれから時間が経ちすぎたから思い出が消えてしまったのか。

それとも小さすぎて父との思い出はまだそれほどなかったのか。

それとも家の中や外で父の思い出は話さない方が良い、忘れた方が良いという空気を感じ取ったのか。

ここにいる私の娘はもうすぐ一二歳になります。父が自殺をした時の私の歳です。もし今、突然、私が彼女の人生からいなくなったとしたら（そんなことは全く考えていませんが！）、四〇年後に彼女が私について覚えているのは二、三のはっきりとしない思い出話なのでしょうか。そう、私がいま父について覚えているように。父は自殺

牛舎の窓から眺めた満月　Ⓒ MizIno

する直前、四〇年後に自分の息子が彼と過ごした一二年間について思い出す際、こんなにも苦労すると想像したでしょうか。

私の家の庭に併設されていた牛舎の東側の窓からは毎月、素晴らしい満月が浮かび上がるのを見ることができました。父は毎晩牛舎から家に入り、「もうミルクを取りに来てもいいよ」と子どもたちを呼ぶのが習慣でした。そしてそのミルクを母が沸かし私たちに飲ませてくれました。

満月の夜、父は「もうミルクを取りに来てもいいよ」に続けて「綺麗な満月が見えるよ」と必ず添えました。そうして、みんなで牛舎に出て満月を眺めるのです。私は今でも満月を眺めるのが大好きです。これはあの時からに違いないのです……。今五〇歳を目前に控え、満月に対する私の特別な思いは父に感謝したいことの主要な一つです。

このこと以外に私があなたに感謝したいことが見つからないことを、残念に思います。

父の死から何十年も経ったある日、実家で妹たちがボロボロになった紙の裏側に書かれた父の整然とした字の文章を発見した。それは父が精神医療について記したものだった。

ヒポクラテスの時代から中世を通して現在に至るまで、医者の仕事の成功の鍵になったのは医者に対する患者の信頼感情である。医者でも患者でも、信頼のおけない医者の仕事は成功し得ないと認めるしかないだろう。信頼は医療のあらゆる分野で求められるが、もっとも求められるべき精神医療の現場ではそれが不足している。残念ながら、現在多くの人の考え方はまだ何代も前の考え方から進歩していない。彼らは固定観念や古い考え方に囚われ、現代医療が持つ可能性を信頼しないのだ。

最近になって、精神医療をはじめ医療のあらゆる分野において進歩が見られるようになった。新しい薬、現代的医療法、数代前には想像もできなかった治療の仕方によって、日に日に良い結果が出始めている。次に求められることは、医療を必要とする人たちが自分にふさわしい信頼の置ける医者を見つけられるようになることだ。

時々、新聞で（事件事故でも病気でもなく）「悲しい事情によって」亡くなった人の訃報記事を目にすると、記事を読んだ知り合い一人ひとりは、本当にその人の死を防ぐことはできなかったのかと悩み出す。科学、生活のあらゆる分野で日増しに発明と改革が起きている現代において、このような問題を少しでも解決に向かわせることはできないのだろうか。このような悲劇が頻繁に起こりすぎている。このような人の苦しみを和らげるために、そして絶望に対する最終的解決策が実行されてしまわないよう、いろいろな先進国では彼らのことを案ずる機関が整えられている。イスラエルにおいても医療関係者、役人もこれについて考えるようになれば、このような苦しみを持っている人のための問題解決につながるだろう。

この文章は父によっておよそ五〇年前に書かれた。どこで、なぜこれを書いたのかはわからないが、父の自殺未遂と「成功した」自殺の間に書かれたものだろう。

父について私が知っていることもごくわずかだ。彼がヘブライ語、英語、フランス語、アラビア語、ドイツ語、エスペラント語、そして多少のロシア語を話せたことは覚えている。先に述べた二〇〇七年の法事で、父を知る人は必ず、「彼は天才だった、自殺は非常にもったいないこと」と話していた。

この複雑な、私の家族についての話を読むにつけて、一人でも、実は自分の家族にも隠された自殺者がいたと思いだし、家族の中の自殺者は恥ずかしい存在ではなく、その事実を隠すべきものでもないと理解してくれれば、私と私の家族が背負った、もっともプライベートな物語を書いた甲斐があったと思う。

家族内の自殺者は特に自慢すべきことではないが、当然恥ずかしがることでもない。恥ずかしがるべきことは家族内に自殺者が出たことではなく、私の父が書いたあの五〇年前の文章から、社会がいまだ進歩していないということだ。精神医療はいまだ未発達であるし、私たちは希望を失わないような社会をいまだに作れていない。

❖一四歳の兄と一二歳の私で家を支えた

父が自殺して、中学二年生の兄が私たち家族を背負った。朝晩の乳搾りは中学生には負担が大きすぎるため牛は売り払った。残ったのは鶏、みかんとオレンジ畑、そして父が自慢にしていた、自殺の場にも選んだあのピーカンナッツ畑。私の父はイスラエルで初めてピーカンナッツを栽培、出荷した人で、国内でピーカンナッツの第一人者だった。私と兄は父から教わる機会をのがした様々なノウハウをモシャブの人から聞いた。一四歳の兄と一二歳の私は、毎日学校から戻ると一人前の農家の担い手として働いた。

当時、イスラエルの学校は午前中だけで、昼ごはんは家で食べていた。食べた後は必ず昼寝をする（昼寝は今でも欠かせない習慣になっている）。その後、トラクターに乗って畑の水やり、草刈り、家に戻ってからは鶏のエサやり、卵の回収。そして卵をきれいにしてから、三〇個ずつトレーに詰めたのを二〇段積み上げ、モシャブの集荷場へ出荷した。毎日夜遅くまで働いた。

農家の仕事と学校の勉強に加えて、モシャブ共同体による放課後の様々な活動（夏キャンプ、旅行、自転車旅行）などにも参加していた。忙しい少年時代だった。

現在、私が三人の子どもたちに、彼らの友人関係や恋愛関係についてあれこれ口を出すと、子どもたちから、「アバ（ヘブライ語で父の意味）、ちょっとお節介焼きすぎ」と言われることがある。そういうとき私は思う。私が彼らの歳の頃には、「お節介焼きの父」はもうとっくにいなかったんだと……。

小学校の授業で書き換えられた地図

一九四八年のイスラエル独立以来、数々の戦争の歴史が繰り広げられた（次ページの表は、イスラエルが繰り返してきた主な戦争の一覧表である。その他小規模の戦いは含まれていない）。

一九六七年の第三次中東戦争が始まった時、私は小学校四年生だった。私と六年生の兄は毎晩、戦況を伝えるラジオ放送を聞き、二人の寝る部屋の窓枠にその日一日のイスラエル軍の戦果を鉛筆で書き込んだ。父も予備役の兵士として従軍し、数週間家に居なかった。私たちのモシャブは大半が農家なので、一家の主が戦争に駆り出されると、世界中からユダヤ人の若者が援農にやってきた。我が家にも南アフリカの青年が来てくれた。

当時、国の指導により、攻撃を受けた際、モシャブのシェルター（五六ページ参照）に駆け込めない場合に備えて、各家庭に緊急用の避難壕を掘った。父がいない間、私と兄はこの南アフリカの青年と一緒に庭に避難壕を掘り、窓ガラスの破片で怪我しないように、

イスラエルと周辺諸国・地域との主な戦争

	相手国・組織	期間	イスラエル側の死者数	相手側の死者数
第一次中東戦争（独立戦争）	エジプト、シリア、ヨルダン、レバノン、イラク、サウジアラビア、イスラエル国内のアラブ人	1947年11月29日～1949年7月20日	6,373	10,000～15,000
第二次中東戦争（スエズ動乱）※1	エジプト	1956年10月29日～11月5日	177	3,000
第三次中東戦争（六日戦争）※2	エジプト、シリア、ヨルダン	1967年6月5日～6月10日	779	21,500
第四次中東戦争（ヨム・キプール戦争）※3	エジプト、シリア	1973年10月6日～10月24日	2,222	20,000
第一次レバノン戦争（ガリラヤの平和作戦）※4	レバノン（ヒズボラ〈※5〉）、シリア	1982年6月6日～9月29日	654	18,000
第二次レバノン戦争（レバノン侵攻）	レバノン（ヒズボラ）	2006年7月12日～8月14日	165	1,200
ガザ紛争	ガザ地区（ハマス〈※6〉）	2008年12月27日～2009年1月18日	13	1,400
防衛の柱作戦	ガザ地区（ハマス）	2012年11月14日～11月21日	6	223
ガザ侵攻	ガザ地区（ハマス）	2014年7月8日～8月26日	72	2,208

注：死者数など、イスラエル政府の発表を元に著者が作成した。
※1　スエズ運河を巡ってイギリス、フランス、イスラエルが起こした戦争。
※2　この戦争によってイスラエルはシナイ半島、ガザ地区、ゴラン高原そして、ヨルダン川西岸とその中でユダヤ人にとってもっとも聖なる場所である東エルサレムの「嘆きの壁」を占領した。
※3　第三次中東戦争（六日戦争）で占領された地域を奪還するためにエジプトとシリアが起こした戦争。
※4　この戦争後イスラエル軍が2000年までレバノン領土に残留しお互いの死者数が更に増えた。
※5　ヒズボラ：レバノンのシーア派イスラム主義の政治・武装組織。1982年設立。
※6　ハマス：パレスチナのイスラエル占領地のスンニ派イスラム主義の政党。1987年設立。2006年のパレスチナ評議会選挙で過半数を超える議席を獲得、政権の座についた。

家の窓にガムテープを貼った。夜間は家族が一つの部屋で過ごし、灯りが外に漏れないように窓に分厚い毛布を掛けた。実際の戦闘は六日間で終わったが（筆者注――イスラエルでは第三次中東戦争を「六日戦争」と呼んでいる）、開戦の数週間前から、国内は緊張状態が続いていた。結局、避難壕を使うこともなかったので後日妹とこの避難壕を埋めて野菜畑に変えた。窓ガラスのガムテープは自然に剥がれるまで数年かかった。

第三次中東戦争の結果、イスラエルはゴラン高原、ヨルダン川西岸地区、ガザ地区、シナイ半島を占領した。私たちは、それまで敵の領土だった土地に自由に行けるようになり、アラブ料理を食べたり、当時イスラエルとは国交のなかった中国製のものを安く手に入れられるようになったりしたのも新鮮だった。

イスラエルが占領した土地に住む人たちは「アラブ人」と呼ばれた。イスラエル人にとってまだその時には「パレスチナ人」という概念はなかった。「パレスチナ人」という呼称が一般的になるのは一九七〇年代前半の頃からである。占領地のアラブ人たちは商魂たくましく、たちまちヘブライ語を習得し、イスラエルからの訪問客相手の商売を始めた。戦争が終結するまで私たちは、アラブ人こそが祖国の敵と刷り込まれてきたのに彼らの歓迎の態度は子どもも心にも大変不思議なことだった。おそらく、占領直後のアラブ人たちは独立国家（パレスチナ国家）の建設ということも考えなかっただろうし、イスラエルの支配が長期にわたることになるとは思わなかったのだろう。

しかし、イスラエルの占領政策は過酷なものだった。当時、占領地にいた二〇〇万人以上のアラブ人に対して、イスラエル国籍を与えず、南アフリカのような人種隔離政策をとった。占領地をイスラエル軍の管理下に置き、アラブ人の自由な出入りを制限し、真夜中でも平気で住民を叩き起こして連行し、取り調べのために拘束するようになった。

学校の先生たちは軍を褒め称え、高揚した様子で、「この戦争によってイスラエルは聖書で約束された土地に戻れた」と私たちに言った。町中でも「聖地エルサレム」を褒め称える「黄金のエルサレム」の歌を毎日のように耳にするようになった。新年を祝うカードに、イスラエル軍幹部の写真が印刷されたのをよく覚えている。

先生と私たちは、地理や歴史の授業で、次々に占領地で建設される新しいモシャブやキブツを誇らしげに話題にした。イスラエルの地図や学校の教科書から戦争前の国境線が消え、占領した土地が元からイスラエルの土地であったかのように教えられた。占領地のモシャブやキブツには軍隊あがりの、二〇代の若者たちが入植した。当時、私はまだ一〇歳、戦争の「英雄」にあこがれ、その「英雄」たちによって国が「発展」していく興奮ときたら……！

エルサレム第二神殿の西側外壁の遺跡「嘆きの壁」。左奥がイスラム教の「岩のドーム」

当然、私も軍を出たらそのような新しいモシャブへ、と考えていた。

これはまさに新しいシオニズムの誕生だった。

一九世紀末に始まったシオニズム運動の一環として、私の祖父母を含む多くのユダヤ人がヨーロッパを始めとした世界各地からイスラエルへ移住した。移住者たちによってイスラエルは作られた。しかし、彼らは必ずしもそこに住んでいたアラブ人のことを考慮して国を作り上げたわけではないことが現在ではわかっている。

第三次中東戦争でイスラエルが占領した土地（ゴラン高原、ヨルダン川西岸地区、ガザ地区、シナイ半島）にユダヤ人の入植が再び始まった。その中に東エルサレム地区も含まれている。そこには、紀元前一世紀へロデ大王によって築かれたユダヤの第二神殿の西側外壁の遺跡「嘆きの壁」がある。ユダヤ人にとってもっ

教育施設に設置されている、戦没者の名前を刻んだプレートが貼られた顕彰碑

とも聖なる場所だ。

私たちは、占領した土地にユダヤ人が入植することがどれほど大事かを教えられたが、同時に入植のために誰を追い出すことになるかは教えられなかった。この土地に住んでいた一〇〇万人以上のパレスチナ人が急に消えることはなく、このことがいつかさらなる対立の火種になるとも、もちろん教えられることはなかった。イスラエル社会にアラブ人の視点が入り込む余地は一切なかった。

先生たちはいつも歴史の授業で「前の戦争が始まった経緯」について詳しく教え、またそれを暗記させた。しかし、「次の戦争を防ぐ方法」については何も教えてくれなかった。そして次の戦争がまたやってくる。イスラエルの歴史はその繰り返しだ。

この数々の戦争でイスラエル人も命を落とした。

教育施設に展示されているイスラエル軍がかつて使用していた大砲

学校の校庭にはその学校出身の戦没者の名前が刻まれた顕彰碑が建っている。そのとなりにはイスラエル軍が使っていた大砲、戦闘機などが置かれていることもある。私が卒業した小学校の校庭にも、戦没者の顕彰碑とともに古い戦闘機が置かれていた（筆者注——現在は、学校だけでなく、広場や環状交差点にも戦車や戦闘機が置かれるようになっている）。

この戦闘機が子どもの私にどれだけの影響を及ぼしただろうか。校庭で戦闘機や大砲を毎日見ている子どもが平和活動家になる道を選ぶ可能性は非常に低いだろう。私と同じように今の子どもたちも、いずれ自分もこのような兵器を使いこな

環状交差点に設置された戦闘機　© Iris Ezra

し、「国のため」に戦う、と思うようになるはずだ。

上の戦闘機の写真は、イスラエルにいる私の妹がこの本のために撮ってくれた。私の妻がこの写真を初めて見たとき思わず、「軍国主義国家みたい！」と言った。他国の人にはおそらくそう映るのだろう。

思い返してみれば、毎年行われる独立記念日のメインイベントは軍隊によるパレードで、テレビで全国中継された。それを見て子どもの私たちは興奮したものだ。現在は予算の都合で軍事パレードは行われていない。代わりに行われるようになったのは、戦闘機による飛行パフォーマンスで、国中の空を戦闘機が予告された時間に通過していくのを国民は興奮して見上げる。最近、軍事パレードを復活させる声も国民から上がっている。

サバイバル訓練

小学校五年になると、週一回放課後に、モシャブ主催の子どもたちの活動に参加した。この活動はシェルターの中で行われる。シェルターとはモシャブのあちこちに設置された、戦争で避難が必要になった時に、数家族単位で逃げ込む地下防空壕のことである。普段このシェルターが使われることはないのでモシャブ主催の活動によく使われていたのだ。

ちなみに、現在のシェルターは、各家庭に一つ作ることが義務付けられている。都市部ではマンション一棟に一つ。現在のシェルターの壁・ドアは爆弾やミサイルにも耐えられるよう、国の定める基準にしたがって頑丈な作りになっている。また、収容人数分の寝られるだけのスペースを確保することも定められている。

小学校五年から始まる私たちの活動では、一クラスにつき二人の高校生がガイド役となって付き添ってくれた。高校生ガイドと言っても、彼らはガイド養成の研修（合宿もあ

現在のシェルターの入り口　© Ronen Gisser

る）を受けている。この活動は強制ではないが、全員参加が暗黙の了解となっていたように思う。しかも、この活動は小学校五年から三〜四年間、毎週続いた。私を含め大部分の児童にとっては楽しい活動だったが、嫌々参加していた子どももいただろう。

今から考えると、この活動も兵役への準備の一つだったように思う。このモシャブ主催の活動で唯一覚えているのは、「石のボタン」を使ったテントの張り方である。

イスラエルでは夏休みを境に学年が上がる。小学五・六年の夏休み期間中、私たちは活動の一環で三日間のサマーキャンプに出かけた。このサマーキャンプ前の数カ月間は、週一回のモシャブ主催の活動はサマーキャンプの準備にあてられた。そこでの一コマ。子どもたちの大興奮の中、二人の高校生ガイドが毛布二枚を使ってテントを作る方法を指導する。

テントを作るために各自が用意するものは、毛布一枚・木の棒一本・ロープ四メートル・麻紐・ペグ数本などである。

テント用のペグなど、小さなモシャブでは当然手に入るはずがなく、私たちは夜に近所の溶接工場に忍び込んだ。落ちている太さ六ミリの鉄棒を外に置かれた切断機で適当な長さに切る。先端を曲げれば一丁上がりだ。小学五年にして「不法侵入」「窃盗」に手を染めたわけだが、これも一種の「サバイバル訓練」かもしれない。

余談になるが、私が育ったモシャブには水道屋も自転車屋もなかった。わずか五歳で私たちは自転車のパンクも水道管の破裂も自分で直せるようになる。モシャブで育った子どもなら、米軍で言えば「デルタフォース」のような陸軍の特殊部隊、あるいはパイロットを目指すのはごく自然な流れだった。これらの積み重ねで高まった自立性が軍隊でも役立つのは間違いないが、私がそのことをもっとも強く実感したのは、いま私が住んでいるセルフメイドのログハウスを建てたときに、これまで身につけた技術が役立ったことである。

中学校に入るとサマーキャンプの代わりに、夏休みに一週間の旅行へでかけた。この旅行では朝から晩まで砂漠を歩いたり、山に登ったり、戦跡を訪ねて話を聞いたりした。夏

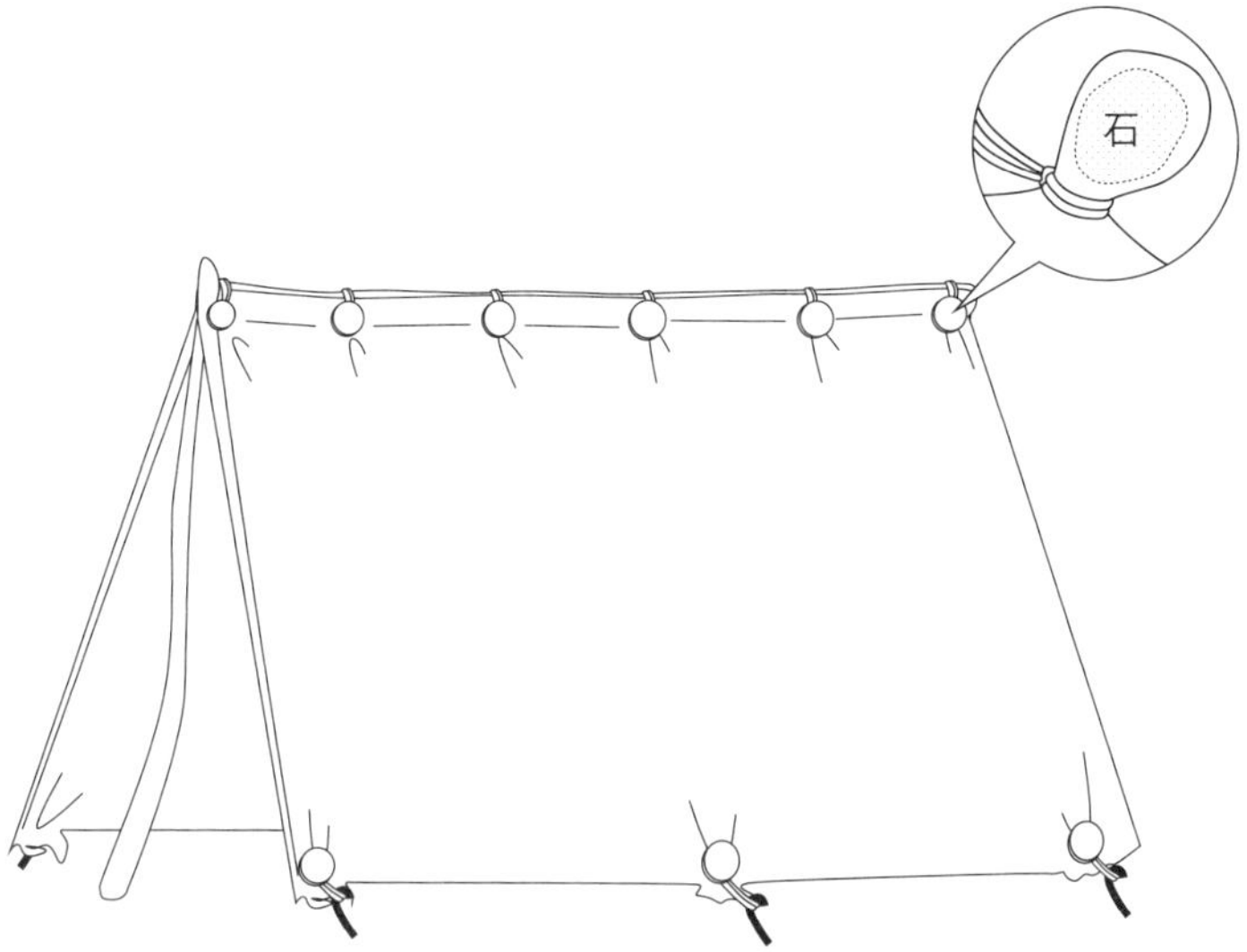

「石のボタン」テント完成図　Ⓒ MizIno

【「石のボタン」でテントを作る】

①二枚の毛布の一辺ずつを一〇センチ幅に重ね合わせる。

②その合わせ目の下からクルミ大の石ころを押し込み、合わせ目の上から二枚の毛布ごとくるむように麻紐で結ぶ。これが「石のボタン」。

③合わせ目の横一列に三〇センチごとに石のボタンを作っていくことで、二枚の毛布が繋がり一枚の大きな毛布になる。

④繋がった側の反対の辺に三カ所ずつ石のボタンを作り、やはり麻紐でくるむように結ぶ。これで毛布の準備はＯＫ。

⑤次に、木の棒二本は毛布の長さだけ間隔を空けて先端をロープに結ぶ。

⑥ロープの両端からペグで引っ張り、二本の棒の間に渡したロープがピンと張るようにして地面に固定する。

休みの旅行の他に、毎年修学旅行もあった。

今となっては、これらの旅行もまた兵役への準備だったと考えられる。朝から晩まで歩き、高い山に登り、寝袋で寝る。それは軍隊生活と似たようなカリキュラムではないだろうか。万が一に備え、子どもたちの旅行には武器を持った大人数人も同伴した。二一歳で退役した私も参加したが、子どもたちも付き添う大人も護衛付きのキャンプがごく自然なこととして受け入れられていた。

このキャンプには、女子も参加し、数年後には徴兵制により男女共に軍役につく。

入隊一年前に起きた第四次中東戦争

第三次中東戦争から六年後の一九七三年一〇月六日、第四次中東戦争が勃発した。イスラエル国民の大半は「六日戦争」の大勝利の酔いから冷めておらず、入隊を一年後に控えた高校二年の私たちも、前の戦争が六日間だったから今度は六時間で片がつくだろうと笑いあった。先に述べた校庭の顕彰碑についても、入隊を目前に控えた高校生にもなると話は違ってくる。私たちは碑を前にして、「私が死んだら名前は上の方にしてもらおう。見晴らしがいいから」「私は日陰になっている右側かな」などとブラックユーモアで笑い飛ばすようになる。

戦争が始まっても、私たちはエジプトとの国境であるスエズ運河を、エジプト軍は決して越えられないと信じ切っていた。しかし戦争が始まって数時間後には、エジプト軍はスエズ運河を越えてイスラエル国内に向けて進軍し始めた。一方、北部ではシリア軍がゴラン高原に突入し、戦線を拡大していた。数日後、一〇〇〇人というイスラエル側の死者数が発表された。この数字はエジプト軍、シリア軍の急激な進攻も相まって、私たちが信じていた不敗神話を打ち砕いた。最終的には二二〇〇人の死者が出た。日本では考えられないことだが、人口の少ないイスラエル（筆者注――一九七三年当時約三四〇万人、二〇一六年現在約八五〇万人）で一〇〇〇人という死者数は、国民一人ひとりが、親族、友人、知人の誰かしらを失う規模なのだ。

実はこの戦争でイスラエルはあと一歩で核兵器に手を出す段階まで踏み込んだことを後になって知った。戦争が始まって三日目、イスラエルはシナイ半島に進攻したエジプト軍をストップできなかった。そのときの緊迫した状況について、アメリカのタイム紙の記事「How Israel got the bomb」（一九七六年四月一二日付）がＣＩＡ秘密文書を暴露して明らかにした。それによるとイスラエルが極秘の施設内で一三発の核爆弾をミサイルと戦闘機で即使えるようにした。この核兵器のスタンバイ状況をアメリカの偵察機が感知したというものである。核兵器の使用はあくまでもイスラエルが実際に破滅をすると断定した場合を想定したが、その後戦況は好転して核ミサイルを発射することはなかった。外国のメディアはイスラエルは数十発の核兵器を所有していると書いているが、所有を正式に認めていないイスラエルはこのタイム紙の記事に対してもコメントをしなかった。

戦時下のイスラエルで必ず言われるのは、「イスラエルの報道は真実を伝えている。相手側の報道は嘘だらけ」というものだ。これがさらに〝進化〟して、今のイスラエルでは、「パレスチナ人は話し相手にならない」という言葉が常套句になっている。ところが、一九七三年の第四次中東戦争の三〇年後に明らかになった機密文書によれば、その当時の参謀総長が「戦時下では必ずしも本当の報道をする必要はない」と発言していた。

学校の先生も私たちに嫌というほど戦争が始まった経緯を教えるが、第四次中東戦争の一年前の七二年、エジプトのサダト大統領がイスラエルに対して和平提案をした事実は教えてくれなかった。この和平提案は、当時イスラエルが占領していたシナイ半島の返還を条件にエジプトと和平を結ぶというものだった。この和平提案を拒絶したイスラエルの首相は、あの「世界の誰一人として私たちを批判する権利はない」と発言したゴルダ・メイアである。当時の防衛大臣モシェ・ダヤンも第四次中東戦争開戦前に「〝シャルム・エル・シェイクなしで平和あり〟より、〝シャルム・エル・シェイクありで平和なし〟の方が望ましい」と発言している（筆者注――シャルム・エル・シェイクとはシナイ半島最南部のリゾート地で、当時のイスラエル人にとってあこがれの地であり半島領有の象徴でもあった)。つまり、平和よりも領土確保が大事という意味だ。

イスラエルがこの提案を受け入れていれば、第四次中東戦争の両国の死者二万二〇〇〇人以上の犠牲が避けられた可能性がある。これもまた、戦争から何年も後になって公になった事実だ。当初〝六時間〟で終わるだろうと笑いあっていた戦争は困難を極め(一九七三年一〇月二三日停戦)、二〇〇〇人以上のイスラエル兵が戦死、アラブ側の軍事力を多くのイスラエル人が知るところとなった。しかしながら、この戦争が「敗北であった」とは誰も思わなかった。大方のイスラエル人の認識は、あの戦争で苦労はしたもののそれでも祖国は守られた、という勝利の物語になっている。

高校時代には毎年、一〇月の祭日を使ってモシャブ主催の三日間の自転車旅行に参加した。この旅行ではイスラエルで最初に設立されたモシャブからスタートし、占領した土地に設立された複数の新しいモシャブを学年ごとに目指した。「国のために死ぬのはすばらしい」と教育された私は、大勢の同級生と同じく、入隊に向けて毎日のように体を鍛え、少しでも良い部隊(パイロットや特殊部隊)に入って国のために尽くせるように努力していた。

高校三年のとき、ある満月の日の週末に、友人とヒッチハイクで南部の砂漠へでかけた。満月が顔を出すと歩き始め、白い薄明かりの中、砂漠を歩いた。この旅行は満月が出てから、翌日陽が沈むまで約二四時間ぶっ通しで歩き続けた。その間一切寝たり休んだりしなかった。この旅行は素晴らしい経験だったが、二人の頭の中にあったのは、これも入隊に備えた訓練の一環だということ、当時の私たちは軍隊のことで頭がいっぱいだった。

もう一つエピソードがある。私たちよりわずか二歳年上の同郷の先輩兵士が戦闘機パイロットになり、高校の上空を超低空飛行することが何度かあった。それを見たときの私たちの興奮とあこがれの気持ちは物凄かった。イスラエル人から見て戦闘機パイロットというのはエリート中のエリートで、何よりのステータスだ。パイロットがいるおかげで国が守られるという宣伝、学校敷地内や町の広場には使われなくなった戦闘機が展示されていて、パイロットは国民の尊敬の的であった。

私たちは学校で平和の歌を歌ったり、平和について話したりするが、入隊の日にそれらは無意味になる。イスラエル国民は高校卒業後一八歳で入隊し、男性は三年、女性は二年の兵役につく（筆者注――イスラエル国籍を所有しているアラブ人は兵役に就く必要はない）。私たちにとって入隊するのは当然のことだ。繰り返す戦争以外の道があるかどうか考えようともしない。退役後も男性は年に一カ月の予備役がだいたい四五歳まで続く。戦争が起きた場合は四五歳までの全ての男性が招集される。したがって、二二歳から四五歳までのほぼ全てのイスラエル人男性は毎年一カ月間、家を空けている。予備役は部隊によって多少の差があって、例えばパイロットの場合は、週に一日は予備役に就く。

イスラエルの家庭で交わされるごく普通の会話——

三、四歳の子どもが晩ごはんのテーブルで母親に尋ねる。

「お父さんはどこに行ったの？」

母親が答える。

「予備役へ行ったよ」

この子どもが軍隊に対する負のイメージを持つことはまずないだろう。こうして、イスラエルの人びとは子どものうちから、武力に頼ることなしに生きていけないという考え方が自然と身につくのだ。

一方で、ごくわずかだが、平和主義という理由で兵役を拒否する人もいる。拒否が認められた場合、大学入学も就職も可能だが、家族も含めて世間の冷たい目にさらされるのは確実だ。拒否が認められない場合は、刑務所行きまたは無理やり兵役に就かされる場合もある。

軍隊見学

高校三年のとき、カリキュラムの一環として一週間の軍隊見学があった。軍隊見学は私たちのようなモシャブの高校生に、特殊部隊やパイロット養成の道へのモチベーションを高める効果があった。イスラエルでは基本的に子どもたちが一八歳になるまでは、「国が育てる」という共通認識があるため（筆者注——小学校から高校卒業まで学費は無料。大学の学費は日本ほど高額ではない）、軍隊での兵役期間は、そこまで育ててくれた国に対する「恩返し」なのだ。

今になって思えば、この軍隊見学も私たちの〝洗脳〟に一役買っていた。親世代と同じく私たちも国のために戦う運命だと意識させる場がこの一週間だった。また、歌でなら平和を愛でるのもいいが、中東情勢を考えればそれは実現の叶わない夢物語だと意識させる場がこの一週間だった。

「スイス、スウェーデンが隣国だったらイスラエルも平和だったが、周りがアラブ人だから」――これがイスラエルでよく言われる、平和が訪れないのを弁解する言葉なのだ。

軍隊見学で潜水艦の中に入った時やF4戦闘機が離陸する瞬間には私も気分の高揚を覚えた。F4戦闘機の離陸を見た後、そこの空軍基地司令官の講話を聴いたが、なんと、その司令官は私のモシャブの出身だった。

その司令官が思想家のイェシャヤフ・レイボヴィッツについて話したのを覚えている。残念ながらどういう文脈でこの思想家が登場したのかは覚えていない。レイボヴィッツは第三次中東戦争の直後、当時のイスラエルではもっとも早く、「戦争の結果、イスラエルは他民族を支配することになる」と発言した人だ。彼は「占領したすべての土地を返還するべきだ。返還しないとイスラエルが二〇〇万人のパレスチナ人を支配することになり、パレスチナ人・イスラエル人双方が人間性を失う。イスラエルは管理国家となり、ついには教育、言論、思想、民主主義にまで影響を及ぼすことになる」と予言した。さらに、第三次中東戦争によってイスラエルが民主主義国家ではなくなったと断言した。なぜ、この司令官がレイボヴィッツを持ち出したのかわからないが、軍人がイスラエルを批判する知識人の話をしたことが強く印象に残っている。後年、彼の予言は全て現実となり、イスラエルはまさに他民族を支配する軍事国家になった。

軍隊見学の数カ月前、私たちはパレスチナ人や遊牧民ベドウィンなどイスラエルに住む少数派民族の暮らしの見学にも出かけた。この時はなんとガザ地区にも入ったのだ。ガザ地区にあるパレスチナ人難民キャンプの前で、見学に来た私たち高校生に向けて、かつてイスラエル首相付きアラブ業務アドバイザー（筆者注——パレスチナ問題について専門知識を持ち、首相に助言する役）も務めたヨセフ・ギナットが話した。

「ガザ地区の占領後、軍のブルドーザーを使って難民キャンプの縦横に広い通り道を作り、パレスチナ人の生活を楽にした」「すべては彼らのためだ」と彼は言い、私たちもそれを素直に信じた。なぜなら、イスラエルという国は嘘をつかないし、ヒューマニズムにもとる行為をするはずがないと思っていたから。ブルドーザーによって家を失ったパレスチナ人が一体どこへ消えたのかと質問する人はひとりもいなかった。

国による〝洗脳〟は現在そのさらに上をいく。イスラエルの高校生をアウシュビッツ見学に行かせるのだ。アウシュビッツの見学は、街角や校庭に飾られた戦闘機や大砲を見て育ったイスラエル人の高校生にとって、「人類共通の負の遺産を素肌で感じ、二度とこのようなことがないよう誓う機会とする」という意味合いでは収まらないところがある。イスラエルの新聞記事では、アウシュビッツ見学から戻ってきた高校生の「このような悲劇が二度と起きないためにもイスラエルの軍事力が大切だ」という感想が紹介されていたりする。アウシュビッツの見学自体は価値あることのはずだが、それが国による洗脳教育の道具にされてしまっているのは実に嘆かわしいことだ。

私は自分の中・高校時代に対して複雑な感情を持っている。この時代にたくさんの思い出を作り、感動する景色を見、初恋もして、あらゆる経験をすることができた。しかし年を重ねた今、子ども時代の野外活動が兵役への準備だったのではないかという思いが強くなっている。もちろんそんな考えを認めない人は大勢いるし、「周囲を敵に囲まれた」イスラエルの安全保障を考えると仕方がないと開き直る人もいる。

戦闘機のパイロットになれなくて良かった

イスラエルでは高校二年から三年にかけて、数カ月ごとに軍隊で適性検査を受けることになっている。この検査によって入隊時にどの部隊に入るかが決まる。軍隊の頂点と言ってよく、誰もが憧れるパイロット養成コースにパスした一八歳の私は、一九七五年、中程度の成績で高校を卒業し、イスラエル中の同学年と一緒に兵舎の門をくぐった。

入隊する前に、友人数人とシナイ半島へ一週間のジープ旅行にでかけた。先に述べたように、シナイ半島は一九六七年の第三次中東戦争でイスラエルがエジプトから奪取した。その返還を望むエジプトの和平提案をイスラエルのゴルダ・メイア首相が拒否して、七三年の第四次中東戦争が勃発し、イスラエル側は二〇〇〇人以上の犠牲者を出した。結局、七九年に締結されたエジプトとの平和条約によってシナイ半島はエジプトへ返還され、以来、エジプトとは安定した国交が続いている。私たちが子どもの頃、ヒトラーとナーセル・エジプト大統領の人形に火をつけて歓声を上げていたことを思えば、隔世の感がある。

高校を卒業して間もないティーンエイジャーたちにとって、入隊はそれまでの生活を一変させる。軍人への身分変化、初めての制服、髪の毛は軍隊カット、両親との別れ、過酷な訓練など様々なストレスに耐えなければならない。入隊後は、一日中軍服を身につけ、髪の毛は短髪を維持、髭も必ず剃っておく。起床から就寝まで徹底的に管理される。これら全ての目的は、私たち全員を軍人仕様に仕立てあげ、敵を殺すための戦争の道具にするためである。

食事は軍隊の食堂で与えられたものしか食べられない。これには宗教上の理由がある。軍隊で出る食事は全てカシェル（筆者注――ユダヤ教戒律の清浄規定に適合した食べ物のこと。例えば、出エジプト記には「子やぎをその母の乳で煮てはならない」と記載されている事から、肉類と乳製品を一緒に食することが禁じられている）の食べ物になっている。そのため、軍隊で使われる食器は肉専用と乳製品専用に分かれていて、それぞれに赤い印と青い印が付けられ、決して混ざることのないようになっている。日本人が想像するのと違い、そもそもユダヤ教を熱心に信仰するのはイスラエルの全ユダヤ人の三割以下だ。したがって、国民の過半数はカシェルの食べ物や食器の使い分けなどといったことに厳格にこだわるわけではない。しかし各部隊の調理室には、カシェルがしっかり守られているかどうかをチェックする人まで配置されている。

また、軍のどの基地にもユダヤ教の指導者であるラビがいる。さらに、軍隊上層部にはこれらラビを束ねる「トップラビ」もいる。入隊時には一人ひとりに「軍隊仕様」の旧約聖書が配られるが、その旧約聖書にはトップラビからの次のようなメッセージが書かれている。「旧約聖書を勉強することによって、私たちユダヤ民族の起源とつながることになり、これによってより良い民族と軍隊を作ることができる」。

私が所属したパイロット養成コースは、二週間に一度の休日（金曜の日没から土曜の日没までを安息日とするユダヤ教の国イスラエルでは、通常土曜日が休日になっている）に帰宅が許されていた。しかし、日曜日の朝一番から訓練が始まるので、土曜日の夜には部隊に戻る必要があった。二週間に一度、一泊だけの自由な時間……。土曜日の夜に、ヒッチハイク（筆者注――安息日である土曜日は聖書風に言えば労働が禁じられているため、アラブ系イスラエル人の都市を除き国中の公共交通機関がストップする。土曜夜のうちに部隊へ戻る必要があったのはパイロット候補生くらいのもので、そのことを大部分の国民も知っている。道を行く車は、パイロット養成コースの軍服を着た私たちをすすんで拾ってくれた）で部隊に戻るときの暗い気持ちを、私は今でも忘れられない。

入隊後の数カ月は体力的にも精神的にもキツイ時期だ。当時のパイロット養成コースは一年間のカリキュラムを四カ月ごとに三分割していた。最初の四カ月間は航空関連の勉強とプロペラ機による適正チェック。この期間で最初いたメンバーの半数近くが落とされて別の部隊へ移動になる。

次の四カ月間では昼と夜に厳しい歩行訓練をする。歩行訓練はチーム・二人一組・単独で行われる。この訓練によって地図の読み方と、戦闘機から脱出し、敵の領土内からイスラエルへ戻る場合を想定したサバイバル能力を養成する。

次の四カ月間ではジェット機の飛行訓練が始まる。訓練用にはその数年前まで実戦機として使われていた現役を退いた二人乗りジェット機が使われる。この戦闘機はフランス製のフーガ・マジステール。はじめは教官同乗で二〇回ほど飛ばし、教官の許可がおりて初めて一人で操縦する。

初めての単独飛行では、私が一人で飛ばすジェット機を、教官が管制塔から双眼鏡で、私が離陸して基地の上空を一周して着陸するまでを追い続ける。無事、飛行を終えてハッ

初の単独飛行を終えた私。水をかけるのはすでに単独飛行を済ませた同期候補生たち

チを開けた瞬間、仲間のパイロット候補生たちから祝福の洗礼を浴びせられる。イスラエル空軍の〝伝統〟である。

この初単独飛行は私の軍隊生活の中でもっとも怖い体験だった。操縦者は飛ぶ前に暗記したマニュアルに従ってジェット機をチェックしてまわる。ジェット機に乗り、エンジンに点火、全てのメーターが正しい温度と圧力等を指しているることを確認し、滑走路に向けてゆっくりと走り出す。滑走路の起点でエンジン出力を上げ、メーターの最終チェックをしてから走り出す。

ジェット機の操作にはハンドルではなく一本のスティックを使う。時速一五〇キロに達したら、スティックを軽く引いて前輪を上げる。(もう四〇年も前のことなので細かい数字の間違いはご愛嬌ということで……。）この状態でスピードを時速一八〇キロまであげ、再びスティックを引くと機体が浮き、空の旅が始まる。高度五〇〇メートルまで上昇し続け、そこからはその高度を維持して基地を一周する。この一周に要する時間は一～二分程度。再び滑走路に向けて高度を下げ、着陸態勢に入るはずだった……が、私の乗るジェット機の高度が下がらない。必死になって高度を下げようとするのだが、ジェット機は私に従わない！どんどん滑走路が近づいてくる……。

その時、ヘルメット内の無線機から聞こえてきたのは管制塔にいる教官の叫び声だった。

「出力を下げろ！」

私はあまりにも興奮状態にあったので、出力の高いまま高度を下げようとしていたことに気がつかなかったのだ。慌てて出力を下げ、無事着陸することができた。時間にして三〇秒くらいだったが、私が味わった恐怖はずっと長く感じられた。

その後、教官と一緒に飛んで新しい飛行技術を覚え、単独飛行でその技術を自分のものにする、ということを繰り返した。ジェット機の飛行訓練が行われるこの四カ月の間に、私は教官同乗で六〇回、単独で二〇回の飛行をした。教官が同乗する飛行は全て試験を兼ねている。この試験によってパイロットに向かない候補生は少しずつ落とされていった。

私はコースの終盤まで残ったが、ある試験を突破できなかったので、パイロット養成コースとお別れし、空軍内の特殊レーダー部隊に転属となった。

パイロット養成コースから落第した私は無力感にさいなまれた。しかし今から考えると、転属先となった特殊レーダー部隊での約二年間は私の考え方を変え、自己の評価を高め、現在の私の自信と自分の道を信じる力の糧になってくれた。パイロット養成コースの日常は分刻みのスケジュールだった。命令に従い、勉強し、そして戦闘機の訓練の繰り返し。これに比べて、特殊レーダー部隊では空軍以外の陸軍、海軍の部隊とも行動し、毎日違う体験ができた。命令と厳しいカリキュラムによる訓練ではなく、自分の思考と判断力によって仕事をする責任ある部隊だった。この部隊で養った柔軟な対応能力と発言力を活かすことによって、自分の道を開くことができたと今では思っている。

私の軍隊での三年間は全て空軍所属だった。この三年間はイスラエルにしては珍しく戦争のない期間で、私が実戦に関わることはなかった。小銃の訓練は大嫌いで、できるだけサボるようにしていた。イスラエル軍の中でもっとも小銃を握らなかった兵士の一人といえるかもしれない。空軍と違い、陸軍にいた友人たちは小銃の訓練が大好きだった。二週間に一度の休暇の時も、実家に小銃を持ち帰り、近所の林でビンや缶を撃っていた。時には自分の小さいきょうだいたちにも使わせていた。

ほとんど全てのイスラエルの若者と同様に、入隊当時の私は戦闘機のパイロットになることはもっとも充実感に満ちていて、かつステータスのあることに感じていた。もし私が養成コースをそのまま進みパイロットになっていたら――。

イスラエルを守るためにはパレスチナ人の子どもが犠牲になるのも仕方ないと説明する人間の一人だっただろう。

戦闘機、そして軍隊は国が存続するために必要なものだと説明する人間の一人だっただろう。

「平和」は歌にして歌うならいいが、中東の現状を考えれば不可能なことだと説明する人間の一人だっただろう。

戦闘機のパイロットになった私の友人たちが現在そうであるように……(筆者注――実際にパイロットになった同期の人たちは、その後第一次、第二次レバノン戦争に参戦し、ベイルートで大量に爆弾を投下した)。

私が軍を退役してから約四〇年経った今、日本の中学生や高校生に向けて講演する際、冒頭で、私が飛ばしたジェット機の写真を見せながら「戦闘機のパイロットがカッコいいと思う人いますか？」と質問している。残念ながら、日本の学校の生徒たちは質問に対してなかなか答えてくれないが、中には手を挙げる生徒が毎回数人はいる。

戦闘機は優れた機械だ。しかし、ある目的だけのために優れている。その目的とは二つ。ものを破壊すること、そして人を殺すこと。その目的を果たすという点において、戦闘機は完璧な機械だ。では破壊と殺しはカッコいいことなのか。練習機のコックピットの中で、「この戦闘機を使いこなすことでイスラエルの子どもたちが毎晩安心して眠れる」と言われたとき、私はそれを信じた。このジェット機を使いこなし、国のために全力を尽くすという思いで胸がいっぱいになった。

一九歳の私は、自分が操縦する戦闘機によって近隣諸国の子どもたちが安心して眠れなくなることを想像できなかった。国家の〝洗脳〟に染まるのはごく簡単なことである。この〝洗脳〟によって私たちは、軍人としての役目を果たすことでこの国が存続すると信じ、もう一つの選択肢――平和的解決法があることを頭の中から消し去ってしまう。徴兵制のある国の多くでその入隊年齢が一八歳なのにはこういう理由があるのだ。

しかし、今ははっきり言える。

「戦闘機のパイロットになれなくてよかった」と。

「退役旅」で日本へ

世界中の若者が高校を卒業し、進学か就職かを選ぶ一八の歳、私たちは兵役に就く。男性は三年間、女性は二年間、IDFすなわちIsrael Defense Forces（イスラエル国防軍）の陸海空の部隊に分かれて厳しい訓練の毎日へ突入する。世界中の若者が青春を謳歌するその数年間、私たちは命令の世界に生きる。

退役後、真の自由な時間を求めて大勢のイスラエル人が外国旅行に出かける。旅行は一人か二人で半年〜二年間、バックパック旅行という場合が多い。退役後の私たちは「退役旅」の資金稼ぎのためアルバイトに追われた。長期間の旅を可能にする秘訣は物価の安い国を目的地に選ぶこと。当時、人気があったのはアジアと南米だった。兵役期間後半でよく交わされる会話はこうだった。「あなたはどこへ？」「私は南米だよ」。

私はもともと「南米派」だったが、成り行きもあってアジアへ行くことになった。インターネットはおろかヘブライ語で書かれた旅行ガイドブックもまともにない当時、旅に向けた情報集めは一苦労だった。とにかくアジア旅行をしたことのある人を探し出さなければならない。退役旅は当時まだまだ流行り始めたばかりであるうえに、私が住んでいたのは田舎のモシャブだったため、情報収集はたいへんだった。面識のあるなしなど関係なく、現地の情報を教えてくれる人のところまでバスで訪ねて行っては話を聞いた。

フィリピン、タイ、ネパール、インド、時にはこれに一、二カ国を加えるのが当時よくあったコースだ。私もこのようなコースを考えたが、地図を広げて見ているとフィリピンから日本までの距離が短く思えた。このチャンスを逃したら日本のような東の果ての国へは二度と行くこともないだろうと考え、コースを日本まで延ばすことにした。

イスラエルで得られた情報によれば、日本は世界一物価の高い国。朝ごはんに三〇〇〇円、晩ごはんに五〇〇〇円、一泊するのに一万円以上……確かめる方法はなかった。予算的に厳しいが二週間ほどならどうにかなると決めた。そう、もともと日本滞在は二週間の予定だった。しかも地図上でフィリピンから近いと思っただけの……。

私の旅の数年前、近所の人がインドへの旅をしていた。出発する前の晩、彼から最後のアドバイスと情報を聞いた。別れる前、彼は聞いてきた。

「どれくらいの期間を考えている?」

私はこれに答えた。

「まだわからない。一年かなあ。でも気に入った田舎に出会えば一生住みつくかも……」

「数カ月で戻るだろう」という彼に対して、彼の奥さんは「ダニーならきっとどこか田舎の小さな村に残るでしょう」と話した。

彼の奥さんの予言通り、私は今、埼玉県の小さな村に住んでいる。


一九七九年一〇月、イスラエルで購入したタイまでの航空券を手に出国した。ギリシャ、タイ、香港それぞれ一週間ほどの滞在の後、一〇月の終わりに初来日した。成田二一時三〇分着。夜中に上野にたどり着いた。電車はもう動かない。これにはビックリ、あの大都市東京で夜中に電車が止まるとは!

寝る場所を探し歩いて、上野公園の芝生で寝袋を広げた。明け方三~四時頃に大雨に降られる。荷物をまとめて自動販売機の小さな屋根の下で濡れた寝袋を広げた。しばらくするとホームレスが私の寝袋に入ろうとしてきたので、手振り身振りで彼を追い払い、朝まで眠った。これが私の日本での初めての夜だった。

魔法の言葉「パンの耳」

来日二日目、イスラエルで得た情報をたよりに、渋谷にある外国人ハウスへ行った。このハウスの宿泊客のほとんどは日本滞在一カ月以上のイスラエル人で、やっぱり「あそこへ行けば安い」という情報をたよりに来ていた人たちだった。世界一物価の高い日本に一カ月以上滞在する猛者たちにビックリした。

外国人ハウスにいる人たちから、初めての教わった日本語。

「パンの耳」

この言葉を覚えると、朝ごはんと晩ごはんはタダ同然。近所のパン屋に行きこの魔法の言葉を言えば、サンドイッチ作りで余ったパンの耳が入った大きな袋をわけてもらえる。スーパーで安いチーズ、ハムにジャムを買えば五〇〇〇円かかると思った晩ごはんは五〇円で食べられた。夕方七時前のスーパーで半値になる物のこと、八百屋のただ同然の熟し過ぎたトマトのこともしっかり聞いた。

ラッキーなことに外国人ハウスには空いている部屋があった。三畳と狭いが月一万円。一泊一万と聞いて来たのに月一万！　予定より大幅に安く滞在できるとわかったので、一年間のオープンチケットを手元に滞在期間を延ばすことにした。

イスラエルのモシャブ生まれの私にとって、東京は異国体験だけではなく、生まれて初めての都会生活体験の場所でもあった。毎朝、外国人ハウスの狭くて汚い台所でパンの耳にハム、目玉焼きと少しの野菜の手作り朝ごはんを食べると散歩に出た。狭い道、隠れた裏通り、旅行者が訪れない本物の下町……。八百屋で買った果物か途中の小さな食堂で昼ごはんを済ませ、六〜八時間を毎日歩いて過ごした。渋谷から東京駅まで歩いた日もあった。毎日新しい場所を見つけ、今まで見たことのないデザイン、嗅いだことのない匂い、見たことのない人に出会う。夕方になると人の流れから近くの駅の方向を知り、外国人ハウスに戻った。外国人ハウスに戻ったらまるで朝ごはんをコピーしたかのようなメニューの晩ごはんを食べる。これが私の毎日だった。

入国の時の観光ビザの期限は三カ月だった。東京で二カ月を過ごした後は東京以外の日本を見ることにしたが、二カ月滞在の間に日本人は英語を話せないとはっきりわかった。

駅やお寺などを探す時に親切に助けてくれるのだが、「英語はちょっと」と言われる。あれから三七年過ぎたがまだ「英語はちょっと」のまま。

日本語を覚えるのは不可能なことと外国人ハウスの仲間に言われていたが、一週間ほど、狭い部屋にこもって五〇ページのローマ字で書かれた日本語会話の本を暗記した。

Namae wa nan desuka?　Watashi no namae wa…

Nan sai desuka?　Watashi wa ○○ sai desu.

Shigoto wa nan desuka?　Watasi no shigoto wa…

のようなものだった。全てを暗記し和英・英和のミニ辞書を買ってヒッチハイク旅行に出た。

一九七九年当時、日本に外国人はまだ少なかった。東京でさえ町を歩くと「外人だ」とあちこちから聞こえてくる。小さな子どもには指を差して笑われる、そんな時代だった。現在は、こうして埼玉・秩父地方の小さな村に住んでいても、私のような外国人に驚く人はいないし、東京ではむしろたくさんの外国人の中から日本人を見つけるのが難しくなったが、三七年前は全く違っていた。

京浜東北線で王子駅へ、そこから歩いて数分で国道一二二号線へ。北に向かうヒッチハ

ヒッチハイク　© MizIno

イク旅行はここから始まった。東北道に乗れればあとは簡単。昼になると私を乗せてくれたトラックの運転手が一緒に昼ごはんを食べようと提案した。片言の日本語を暗記してきてよかった！

高速道路から降りると小さな喫茶店に入った。店の人と運転手の間で会話がはずんでいるのを見て、彼が常連客だということがわかった。店の造りは新しそうで、白木の壁の匂いがした。運転手が私のことを紹介していたのだろう、店の人たちは笑って話を聞き、オーナーらしき人がマジックペンを持って来て、記念に壁にサインしてくれという。私の日本語の理解力はまだまだ未熟だったが、どう見ても私に名前を書いてほしいのだと理解した。新しい白木の壁に名前を書くのには迷いがあった。恐る恐る書き始めるとオーナーが声を上げた。

「だめ！」

この言葉はすでに知っていたので、あっ！　やっぱり私の勘違いだったのかと思ったら、オーナーは笑いながら「ビッグ！　ビッグ！」と言った。場所ははっきりとはわからないが、東京と仙台の間にあるどこかの喫茶店の壁四分の一の大きさで書かれた私の名前を発見したら、それはあの日私が書いたものだ。食事が終わり、財布を出すと、運転手は「あなたは私のお客さんだ」と言ってきた。いくら断っても聞き入れてくれない。親切な運転手がお金を出してくれた。

これが一カ月のヒッチハイク旅の始まりだった。東京から仙台、松島、金華山、蔵王、新潟、本州を横断して伊豆半島へ。再びの本州横断で長野、能登半島。さらに本州を横断して紀伊半島、四国横断、九州へ渡り、阿蘇山、北九州、広島と大阪。

ヒッチハイク旅を続けながらわかったのは、私が何を言おうと昼代は運転手持ちになることだった。昼ごはんはときに一日三回食べることもあった。一一時頃最初の運転手と一緒に昼ごはんを食べ、一二時に別の車に乗せてもらうと再び昼ごはんのオファー。「もう食べた」と言っても、運転手の「遠慮しなくていいから」にのせられて二回目の昼ごはんを食べる。そうして一時に別の車に乗るとまたまた昼ごはん。毎回私の財布の出番はない。

夕方になると「今晩はどこに泊まるの？」「まだわからない」「布団で寝られる？」「寝られる」「じゃあ、うちに泊まっていきな」――これの毎日だった。晩ごはんと朝ごはんは当然のように運転手の家で食べた。

結果として、素晴らしく楽しい一カ月の旅で使ったお金は三〇〇〇円だった。しかも世界一物価の高い国と言われたこの日本で。旅をしながらできる限り運転手と話すように努力し、知らない言葉を見聞きしたらメモ用紙に書き、夜に辞書で意味を調べて暗記する。次の日のヒッチハイクの間に昨晩新しく覚えた単語を使うのが自分に対しての宿題だった。一カ月の旅を終えると日常会話はある程度しゃべれるようになった。

こうして三カ月の観光ビザの期限が終わった。大阪空港から日本を離れるとき、この国にまたいつか必ず来ると心に決めていた。

アジア放浪

三カ月の日本滞在を終えるとフィリピンへ渡った。この国もまた私にとって新しい国だ。イスラエルや日本とは全く違う景色、食べ物もココナツ、パイナップル、パパイヤの日々が続く。一カ月の滞在予定はまたしても観光ビザの上限である三カ月に延びた。マニラで過ごした最後の夜以外は三カ月間ずっと田舎にいた。

フィリピンから今度はタイへ。ここでも一カ月の予定が二カ月に延びた。

……とまあ、ここまでの退役旅は各国での滞在期間の延長以外、ほぼ当初の予定通りだった。しかし、このあと大幅に予定が変わることになった。当初、今後の予定として考えていたのは当時の旅行者に最も好まれたコース——ネパール、インドそして帰国だった。ところが、日本・フィリピン・タイの三カ国での滞在期間延長によって日程がずれ込み、ネパールとインドが雨季に入ってしまったのだ。

この数カ月の旅で情報の仕入れ方もすっかり身についていた。アジアの国々にはバックパッカー用の安いゲストハウスがあり、毎晩世界中のバックパッカーたちが集って情報交換していた。タイ南部のゲストハウスで、数カ月前フィリピン北部で会った旅行者に再会するのはよくある光景だ。そこでは各自がこれから行きたいところについての最新情報を交換しあう。以前はとても綺麗だと言われていたスポットが、旅行者で埋め尽くされてしまって行かない方がいいとわかる時もあれば、それまで聞いたことのなかった素晴らしい滝の情報が舞い込むこともある。

ある時、タイ南部のゲストハウスで美味しい晩ごはんを食べながら、雨季のネパールとインドの旅は避けた方がいいと初めて聞いた。「旅どころじゃなくて雨との戦いになる」とその旅行者は話していた。

「OK、わかった。では、どうする?」

そこはタイ南部の小さな島。持っていたビザの有効期限はあと数日のみ。行こうとしていた国には行けない。「雨季が終わる六カ月先までどこかでゆっくりしたら」とアドバイスを受けて、二つの可能性を考えた。

①無理してネパールでどうにかする。↓「雨季だからやめとけ!」とネパールから来

たばかりの人に強く言われた。

②いったんイスラエルへ、そして六カ月後またアジアへ戻ってくる。↓しかし、イスラエルに帰ったら二度目の旅に出るのは難しくなるだろうと予測した。

すでに二週間を過ごしていたこの綺麗な島のバンガローでの最後の夜、朝起きるとひらめいた。イスラエルでもない！　ネパールでもない！　五カ月前、大阪空港で「この国にまたいつか必ず来る」と決めたじゃないか。そうだ、雨季が終わるまで日本で過ごそう。その日バンコクに戻り、日本行きのチケットを購入して、二日後に成田空港に降り立った。

あの外国人ハウスに戻ると、知っている人はもう一人もいなくなっていた。その日の夜になって初めて自分が決めたことと真剣に向き合った。雨季が明けるまでの六カ月の日本滞在に対して、持っていたのは有効期限三カ月しかない観光ビザだったのだ。一晩中寝ずに日本に戻ってきた理由は何かと悩んでついに思い至ったことは、数カ月前は片言の日本語を話せたから他のバックパッカーには味わえない楽しい旅をできたことだった。

すぐに、日本語学校を見つけてきたが、外国人が日本で勉強をするためには観光ビザを就学ビザに変える必要があると学校で聞いた。一九八〇年代の初め、ビザの変更は国外でしかできなかった。学校から必要な書類をもらうとヒッチハイクで下関へ。フェリーに乗って釜山、電車でソウルまで移動した。日本大使館で無事ビザ変更が認められ、同じ経路をたどってまた東京へ戻った。

東京へ帰ってきて、あの渋谷の外国人ハウスに宿泊しているのはイスラエル人ばかりなので、日本語を覚えるためにはふさわしくないと考えた。大家さんに聞くと下北沢でも別の宿を経営していると知ったが、今のところ狭い部屋しか空いていないと言われた。狭くても平気だからと伝え、下北沢へ引っ越した。その部屋は本当に狭くて、なんと畳一畳！以前は物置に使われていたのだろう。まあ軍隊時代にこれ以下の環境で寝た経験はいくらもあったが……。家賃も当然それに見合うものだった。月五〇〇〇円！　一カ月後、三畳の部屋にレベルアップ。この部屋には長く滞在していた。

奇跡の〝出会い〟

二度目の日本滞在では、毎日日本語学校に通い、週末は下北沢のスパゲッティハウスでバイトという生活だった。就学ビザだと週数時間のバイトが許される。

一九八〇年一二月のクリスマスイヴ。この年はクリスマスイヴとイスラエルのハヌカ（筆者注――ユダヤ教の年中行事の一つで、マカバイ戦争〈紀元前一六八～紀元前一四一年〉時のエルサレム神殿の奪回を記念する灯火の祭り）が同じ日に当たった。イスラエルの祭日は太陰暦に従うので、祭日が毎年少しずつずれるのだ。バイトのあとにイスラエル人の友だちの家でハヌカを祝うパーティーに呼ばれていた。

この日、私のバイト先には、下の階に入っている別の店でバイトをする可愛い大学生が友だちとクリスマス会に来ていた。友だちが帰り、彼女が支払いをするとき、私は「ハヌカパーティーに一緒に行きませんか？」と誘った。このひと言が、私とかほるの人生を変えた。外国人と初めて話すかほるは驚き、店のオーナーに意見を求めた。オーナーは「ダニーならこの店で数カ月バイトをしている。怪しい者ではないよ、行ったら」と言った。

空手と合気道を学びに来ているイスラエル人や旅行者のイスラエル人など、合計一〇人のイスラエル人と数時間にわたってハヌカの祭りを楽しんだ。パーティーが終わって彼女を家まで見送って行くと、家の前で彼女は「コーヒーを飲んでいきませんか？」と言ってくれた。あとになって、彼女は弟と一緒に住んでいるため、男性を家に入れるのは怖くなかったとわかった。部屋のドアを開けると、本がびっしり詰まった本棚が目に入った。次の瞬間、そこに詰まった本すべてがイスラエルとユダヤ関連の本だったのにぎょっとした！『ユダヤ人ジョーク集』まであった。

「これは何？」

「大学三年で中世のユダヤ人の歴史を学んでいるの」

大学三年の女性がイスラエルに興味を持ちユダヤ人の歴史を学び、そして生まれて初めて話す外国人がイスラエルから来た私だったとは！　これは〝奇跡〟とも言える出会いではないか。一緒に住むようになったのは早かった。

「彼女の両親には素直に受け入れられたの？」

２人で住んだテルアビブ郊外の部屋。テーブル、正座椅子（テーブルの左下）、カセットラックは家具作りを始めた頃の作品

「当時、国際結婚はまだ珍しかった。簡単ではなかったけれど、現在、彼女の家族とはとても仲良くやっているとはっきり言えるよ」

私たちの出会いについて聞かれるとき、私はたまに「お見合いだよ」と答える。

「えっ!? 本当に？」

「冗談、冗談……」

しばらく経ち、付き合いが相当に真剣だとわかったところで、イスラエルの私の家族に会ってほしいと提案した。一九八二年、彼女は大学を卒業した。地元に戻って教師になる夢を捨て、私たち二人はイスラエルに渡った。

イスラエルではとても楽しい二年間を過ごした。昔の仲間と遊び、新しい出会いがあり、何度も旅行へでかけた。彼女はテルアビブ大学の言語学コースで一年間日本語の指導をし、その間に私は新しい趣味を見つけた。家具作りだった。

しかし、そこが私たちの「終の棲家」とはならなかった。八四年、イスラエル総選挙の結果、それまで以上に右傾化した政権が誕生した。そのころ、新政権の大臣が「国が何より大事だ。国と国民とが利害衝突するとき、いかなる場合も国民の側が退く必要がある」と発言した。この瞬間、私たちはしばらくの間、イスラエルにいない方が良いと決めて日本に戻った。それ以来、日本に住んでいる。

一九八四年一〇月一〇日、イスラエルでの生活を終え、二人の全財産が詰まったバックパックを背負って日本へ戻ってきた。かほるの実家で数日を過ごしてから東京での再スタートに臨んだ。翌八五年、私たちは世田谷区役所に婚姻届を出し、夫婦別姓の道を選んだ。イスラエルでは他民族との結婚は認められていないが、私たちのように外国で婚姻届を出すと、イスラエルはこれを認め受理する。

私の性格を考えると、事務所で紙の山が積まれた机の仕事はできそうもなかったので、趣味の家具作りを仕事に活かすことに決めた。しかし、家具作りを学べるところを探すのは簡単ではなかった。職業訓練の学校を目指すが、漢字の試験がそれを阻む。漢字を書くのは今でも得意ではないが、三〇年前はそれに輪をかけて苦手だった。今から漢字特訓に時間をかけるわけにはいかない。訓練学校プランはボツとなった。

そこで、仕事を教わりながら雇ってもらえる注文家具会社を探すことにした。その頃からいずれは独立し、自分の工房を持つ夢があった。しかしその思いを隠して入社し、仕事をやっと覚えた段階で辞めるという失礼な行為はしたくなかったので、初めから独立を条件として私を雇ってくれる会社を探した。そんな〝生意気な〟私を雇ってくれる会社に出会うまでには数カ月かかった。神奈川で出会ったその会社の社長は私に言ってくれた。「日本では職人が年々減っている。職人を育てるのも私の使命の一つだ。頑張って仕事を覚えて独立してください」。この社長には今でも深く感謝している。

この会社で三年半修業し、木工機械の使い方と作品の仕上げへのこだわりを身につけた。かほるの方も品川の高等技術専門校で家具作りを勉強した。

いよいよ、田舎での生活と工房作りの夢を実現する時期がやってきた。

一九八八年、かほるは妊娠していた。私たちは子どもを田舎で育てると決め、田舎の家探しの旅に出た。友人からワゴン車を借りて布団を積み込み、田舎を目指して出発した。狭い道を選び、そこから分かれるさらに狭い道に入り、道端で〝油を売っている〟おばあちゃんたちに「この近くで空き家は知りませんか？」と尋ねた。

「すぐ上の田中さんちは空き家だよ、聞いてみな」。田中さんは確かに空き家を持っていたがそこを物置として使っていた。「それなら鈴木さんのとこの空き家を訪ねてみればいい」。鈴木さんの空き家は雨漏りをしているし、貸す予定もないと言う。「となり村の佐藤さんなら貸してくれるだろう」。佐藤さんは実際に貸してもいいと言ってくれたが、とても古い家で修繕は難しそう。田舎の木造の家では七、八年人が住まないと湿気で傷みが激しくなるからだ。

このように村から村へ訪ね歩き、五〇軒ぐらいをまわった。私たちにはいくつかの条件があった。まず、かほるの実家と東京からそう遠くない距離であること。そして家のとなりに工房として使える建物があること。車で家の前まで乗り入れできること。木工用の機械を使うための二〇〇ボルト電圧が届いていて、しかも機械は大きな音をたてるので、すぐとなりに人が住んでいないこと。できれば畑をする土地がついていること……。

そしてついに秩父の田舎にふさわしい空き家を見つけた。引っ越しの時、かほるはもう臨月。私たちが思い描いたとおり、長女は田舎で産まれた。

田舎に引っ越すのとほぼ同時に、私たち二人の工房「木工房ナガリ家」を開いた。「ナ

11 年間住んでいた民家　Ⓒ飯嶋俊子

ガリヤ」はヘブライ語で「木工房」を意味する。無垢の木でボタンからログハウスまであらゆる物を作る。かほるが手掛けるアクセサリーと小物、私は時計、様々な家具、ベッド、テーブル、机、椅子、本棚、遊具そしてちゃぶ台、神棚などなど。

借りていた民家に一一年間住んだ後、次の夢の実現へ走り始めた。手作りのログハウスである。専門書を読んだり、手作りによるログハウス建築の現場を見に行ったりして、自分たちにもできると確信した。主に地元秩父の杉材を使って一年半をかけ、二人で夢に見たログハウスが完成。基礎以外は全て二人で作った。

建築中のログハウス　© Orihara Photo

人手が必要な時は多くの友人や知り合いが手伝いに来てくれた素晴らしい一年半だった。一九九九年の終わり、現在も住むログハウスに引っ越した。

環境と健康のことを考えて食料、日常品は生協でずっと購入している。民家に住んでいた頃、その生協の機関紙から取材を申し込まれた。そして同じ町に住む写真家の故・飯嶋俊子さんがある日我が家にやって来た。彼女はそれ以来、個人的に私たち家族を一〇年間撮り続けた。ときには家具の注文がなかなか入らず、苦しかった私たちを見守り続けた。

飯嶋俊子『ナガリ家物語』

家計は苦しかったが、自然の中で子育てをし、生活を楽しむ私たちが「夢」を糧に生きてきた歳月を、飯嶋さんは写真集『ナガリ家物語』（二〇〇一年）として出版した。この写真集の表紙に写っている私の子どもたちへ、そして世界中の子どもたちへ、私はより良い世界を引き継ぎたいと思っている。

【吉川かほる作　ペンダント】

Yes peace　回転ペンダント

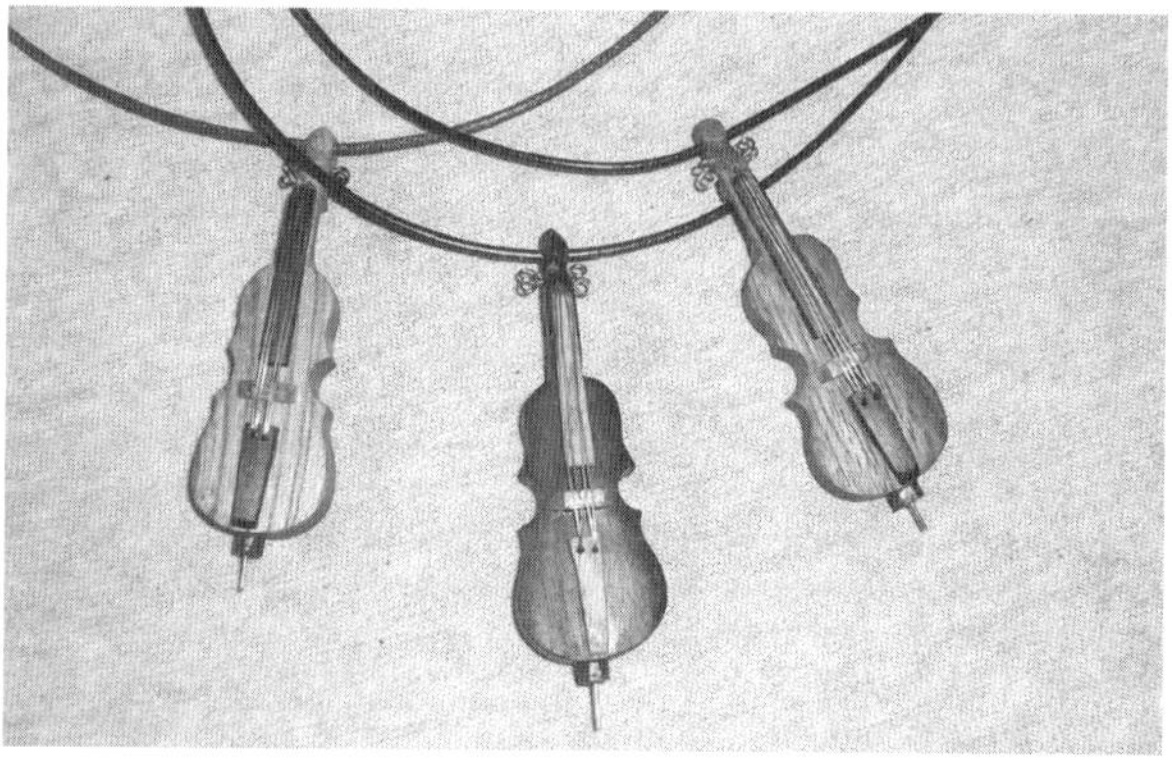

II

私はなぜ脱原発と平和を訴えるのか

アウシュビッツ・ビルケナウ絶滅収容所。妻・かほると

「ものづくりの人」の使命

話はいったん一九八九年に戻る。この年、秩父に引っ越したことで私たちの夢の実現が始まった。都会では経験がなかった葬式の付き合いといったその地域独特の慣習にとまどうなど、大変な時もあったし、予定通りにいかないこともあったが（田舎とは自然と星の美しさだけではないのだ）、トータルで考えると田舎暮らしはやっぱり良い。新しい仲間と出会い――なかには陶芸家、画家、彫刻家、ガラスと鉄の作家、そして木工仲間もいた。私たちのように秩父に越してきて、のびのびとした生活の中で子どもを育て、ものをつくる人も少なくなかった。

引っ越したばかりの頃、秩父のあちこちをよく散策した。ある日、長瀞《ながとろ》を歩いていると、地元の男性にコーヒーを飲んでいかないかと誘われた。彼は陶芸家で、歳は私たちと同じくらいだった。出会ってから数カ月後、彼の個展の初日のパーティーに呼ばれた。このパーティーに呼ばれた人のほとんどは、私たちと同じ三〇歳前後の、様々な分野のものづくりの人たちだった。そしてその中に、彼の陶芸の師匠も参加していた。

お酒が入って盛り上がったところで、師匠はその陶芸家に尋ねた。

「〇〇、きみの仕事はなんだ？」

「ものづくりです」

「ものづくりの人として目指すことはなんだ？」

「人が喜んで使ってくれる物をつくることです」

そばで聞いていた私たちはみな首を縦に振ったが、師匠だけはカンカンになって叫んだ。

「違う！」

その場は一瞬にして凍りついた。

「ものづくりの人の使命とは世の中を良くすることだ！　これはものづくりの人として、アーティストとして求められることだ」

あれから約三〇年、その師匠はだいぶ前に亡くなった。このときのやりとりを覚えているのは私だけかもしれない。しかし、この師匠の言葉は、その後の私の考え方に大きな影響を与えたと思うが、本当に理解したと実感できるようになるにはずいぶん時間がかかった。

六ヶ所村の夏祭りのテント村

一九九一年、数人の友人と、原発の使用済み核燃料の再処理工場の建設予定地となった青森県六ヶ所村を訪ねた。それは一週間にわたる、エコとラブ＆ピースの夏祭りだった。ソーラーパネルを使い（そう、一九九一年にすでにあったのだ）、太陽光を使って目玉焼きを作るソーラークッカーを体験し、原発の危険性について話を聞き、ゴミ分別の講座に参加し、クリーン・エネルギーについて学んだ。オーガニックフード、発展途上国のコーヒー、音楽、陶芸体験、焚き火の周りで夜中まで踊るなど、アメリカのヒッピー文化の日本版……私にとって六ヶ所の夏祭りは本当に特別な体験だった。

この夏祭りの五年前、ソ連のチェルノブイリで原発事故が起こった。日本でも反原発運動が盛り上がったが、結局、政府・御用学者・メディアの「安全神話」――「我が国でこのような事故はあり得ない！」「これこそがソ連と日本の技術の違い！」――のプロパガンダに飲み込まれてしまった。自分の国ではこのような事故はあり得ないと信じこみ、自国の技術を過信し、他の国とちがってこの国は国民を守るために全力を尽くしてくれるのだと信じていたいと思うのが人の常である。

この点については、私の祖国イスラエルも同様で、自国民の団結を図り、国政に向けられる批判を回避するために、「近隣諸国と比べて私たちは幸せだ」「私たちの国では人権が守られているし、言論の自由も保障されている」と為政者は言い、国民は近隣のアラブ諸国を見下す……この構図は日本にも当てはまると思う。

こういう政府のプロパガンダに対して、エコとラブ&ピースの祭りだけでは力不足だと、私は痛感している。なぜなら、チェルノブイリから二五年後の二〇一一年三月一一日、大地震による震動と津波で福島第一原子力発電所の四基の原子炉が事故を起こし、広域にわたって放射能に汚染されてしまったこと、そして事故の記憶を消し去り、深刻な放射能汚染の実態を覆い隠そうとする原発推進派が政・官・財・メディアのメインストリームに復帰してしまったからである。

少なくとも言えることは、歌や踊り、講演といったイベントに参加することは素晴らしいことだが、それだけでは不十分だと考えるようになった。回数に限りのあるデモや突発的なイベントは日常を離れて行われるもので、どうしても一過性のものになってしまう。私は、参加する講演、イベント、デモなどは「充電」のためのツールであり、大事なことは、〝日々の活動〟を心がけること、イベントに参加した次の日に、家族、職場の人、学校の友だちへ伝える、日々の会話にも政治や社会のことを取り入れることが重要だと考えるようになった。

これが、陶芸家の師匠の言葉「ものづくりの人の使命とは世の中を良くすることだ！」に出会っておよそ二〇年かかってたどり着いた私の考えである。

権威を疑うことが大切である

陶芸家の師匠の言葉に続いて、私が気になっている言葉の話を続ける。

私は月に一度、我が家の子どもたちが通っていた保育園で、年長組の子どもたちと「国際理解」というカリキュラムで遊んでいる。本を読んだり、河原に散歩に行き、そこで石を集めてモニュメントを作ったり、様々な国の話をしたり、戦争と平和、差別と人権についても話す。

この活動を始めて、一六年になる。子どもたちが話す言葉を聞いていると、私たち大人の考えが子どもたちに大きな影響を与えているのがわかる。例えば、私がもっとも嫌いな言葉「おまえ」である。五、六歳の子どももこの言葉をよく使うし、この言葉を誰に対して〝言ってもいいのか〟を理解している。

近くの河原で保育園の年長組と作った「ピースマーク」

【私が想像する子どもたちの家庭で交わされる会話】

五歳の子どもが保育園から家に戻り、晩ごはんでの出来事。

お父さんがお母さんに「あれ、今日のビールは？」

お母さん「ごめん、買い忘れたわ」

お父さん「おまえ、ビールぐらい忘れるなよ……」

しばらくすると子どもが水をこぼす。するとお父さんとお母さんが同時に、

「おまえ、気をつけろ！」

子ども「ごめんなさい」

今度はお母さんがお皿を落とすと、

子どもが「おまえ、気をつけろ！」

お父さんが怒って「お母さんに向かっておまえとはなんだ！」

この瞬間、子どもが一生持ち続けるであろう固定観念が生まれる。すなわち、人間は平等ではない、人間にはランクがあるという価値観だ。

お母さんにもぼくにも「おまえ」と言えるお父さんが一番エライ。ぼくに「おまえ」と

言えるけど、お父さんには絶対言わないお母さんが二番目にエライ。お父さんにもお母さんにも「おまえ」と言えないぼくは一番下だ……。

この瞬間から頭に刻まれた価値観は、日本の社会のあらゆる場面――学校に上がっても、社会人になっても頭から決して消えない。先輩は後輩に「おまえ」と言える。先生は生徒に「おまえ」と言える。部長は課長に「おまえ」と言える。つまり、人間は平等ではない、人間には上と下の関係が存在する。

これが私の考える「おまえ」という簡単な言葉の多大なる影響だ。保育園や学校で「人間はみな平等だ」と教えられても、常に頭の中で「上か、下か」の線引きを行うようになってしまうのである。

ほとんどの日本人は当り前すぎて疑問を持ったことがないであろう、この「おまえ」の話を、私は「外国人の目に映る人権」の講演でいつもすることにしている。うなずく人も多いが、時折「外国人にはわからないだろうが、おまえの元の意味は「御前《おんまえ》である、つまり尊敬の言葉です」という人がいる。しかしこの場合、元の意味は全く関係がない。なぜなら、「おまえ」が使われる時の互いの関係性において、必ず上下関係が存在するからである。

私たちの周りで起きている様々な現象を公平にとらえるためには、固定観念に縛られないことが必要だ。固定観念の一部は、私たちがまだ小さい時分から少しずつ自然と頭に刻まれる。しかしこれより怖いのは、私たちをコントロールするために国によって作られた固定観念である。もっともわかりやすい事例は、原発の「安全神話」である。

私は講演（「外国人の目に映る人権」）で、参加者に『ＳＡＩＴＡＭＡねっとわーく』に連載した「ナガリ家通信」の記事二本をプリントして配り、「この記事を読んで不快に感じる日本人もいるでしょうし、外国人にここまで言われたくないと思う人もいると思いますが、固定観念を本当に疑えるか、の道具として使ってください」と断って、話をする。以下は、この本のために記事を大幅に改訂して引用する。

❖疑う心①――「先生」はエライ？

昔、テレビを見ていて、画面に智ノ花という力士が現れた時、ある人が「この人は他の力士と違うよ、頭を使って相撲をとってるよ、元は先生だから……」と解説しました。

ある時、中学校ＰＴＡの地元支部総会で役員が、先生が座る席順にあれこれ悩んでいるのを見て、先のテレビ番組の場面を思い出しました。

日本人って「先生」について考えていること、感じることは不思議。単なる職業の名称なのに、「先生」というのは当然頭良い人、人格者、エライ人、権威のある人と、ほとんどの人が思っています。中学校ＰＴＡ総会では、時に、地元支部に来る先生が保護者の役員より年下なのに、この妙な緊張感が私にとっては不思議でした。

話は変わります。

東京電力の福島第一原子力発電所の事故によって、長年の安全神話が完全に崩れたと思った人がたくさんいましたが、現在、再稼働を次々と推進しようとしている国に対して、反対の声をあげる人は驚くほど少数派です。

あれだけの事故、あれだけの土地を汚染して膨大な未帰還者を出したのに、一体なぜでしょうか？

原発事故のことを調べれば調べるほど、今回の事故が「想定外」ではなかったとよくわかります。

原発産業では「津波」という言葉はタブーでした。使用済み核燃料の処理方法も未解決であることも初期の段階からわかっていました。そして何よりも、原発が事故を起こすことを前提にしない「安全神話」を振りまき、いつかはこのような地震と津波が必ず来ると知っていながら、五四基の原発を建設し、一〇〇基まで増やす予定でした！

では、私たちは「3・11」から学ぶべきことは何でしょうか？

それは国を疑うことです。国は私たちの安全より、経済的な発展を優先しようとしています。今、私たちが「疑う心」を持たないと、国がやりたい放題に再稼働を進め、次の原発事故はもう時間の問題となるでしょう。

ここで冒頭の「先生」の話に戻します。日本人はなぜ、先生のことを雲の上の存在のように考えているのでしょうか？

日本の学校では、先生は絶対的権威として存在します。生徒は先生に服従し、先生の言うことに疑いを持っても沈黙することを自然に身につけます。そして先生は退職して何年経っても、「先生」と呼ばれます。

さて、学校の先生以外に「先生」と呼ばれるのは誰でしょうか？

そう、議員です。

つまり、学校教育によって、「先生」という立場を絶対な権威と叩き込まれた日本人は、議員に対しても「先生」と呼ぶことによって、自然と議員の権威も絶対となります。つまり、「先生」が絶対的な権威を持つことを学校で学ぶと、他の「先生」にも盲従してしまうということです。

この絶対的権威の集合体が「国」と考えれば、原発再稼働のような「国策」や「国の方針」に異議を唱える人はごく少数になるのがわかります。

これを読んでいるあなたが「考えすぎ」と思うのなら、あなたも固定観念に染まっている一人かもしれません……。

❖疑う心②――文章の内容より、文字の形が大切？

私の工房「木工房ナガリ家」は家具と木の小物の個展を年に二～三回、開催しています。来てくださった人には芳名帳記入を頼むことがあります。するとほぼ半分の人が「私の字は綺麗ではない」と言いながら、書いたり、書かなかったり、まあ、謙遜だよ、ケ・ン・ソ・ン。「外国人には理解できないでしょう」と言われることもあります。
では、次の話はどうですか？（↑本当の話です）
ある病院に入院しているお年寄りを、週に二～三回、奥さんがお見舞いに通っていました。夫が寒そうなのを不憫に思い、看護師に伝えたいのですが、「ここはいつも看護師が忙しくって、言う機会がない」と娘にこぼしました。「家族からのメッセージボードに書いたら」という娘の提案に、「私の字、綺麗じゃないので書けない」。これもケンソン？　思い出せば、うちの子どもは毎年、「書き初め」に泣いていました。書き初め――書き順、金賞、銀賞、日本の学校では文字の形、文字の質感、文字の書き順に莫大の時間を使っています。しかし、ちょ、ちょ、ちょっと待って！　これだけ時間を使っているのに、多くの日本人が「私の字は綺麗ではない」。えっ？　おかしくないですか。時間がないといつも言ってる先生たち、教育委員会がなぜか書道にはいくらでも時間を使っています。その結果、〝綺麗ではない〟字の大人を育てています。なぞ⁇　教育委員会にその理由を尋ねれば、おそらく何も考えずに、文科省の「命令に従っただけ」というような答えがくるでしょう。（↑私の憶測です）これ以上しつこく尋ねるとおそらく、日本の文化を教えているのです、と言うでしょう。日本の文化？　はあ？　漢字は中国のものではなかったですか？

日本の文化について話を戻します。

日本の文化と言えば、文字だけではありません。着物、サクラ、お酒、日本料理、そして、私がよく作るちゃぶ台も日本の文化の一つです。しかしこれらの文化については、学校ではほとんど教わりません。なぜでしょう？

国というのは国民をコントロールするため、法律を作り、国の方針に沿った教育をし、そして、万が一、物事が予定通りにいかないときのため、疑念を生じさせないような固定観念の植え付けを行っています。これに一旦染まった人は、自分の考えや価値観が、教え込まれた固定観念であることに気づくのはたいへん難しいことです。このことを指摘されると、「論理」の前に「弁護」を選んでいます。

今回の「ナガリ家通信」は、国による国民コントロールの例として、「文字を書く」ということを考えてみました。日本の学校教育を受けた人たちにとっては、文章の内容より、文字の形が綺麗か綺麗ではないかがもっとも重要なことになります。したがって、綺麗な文字を書くことは、良い文章を書くより評価されます。（↑ここがポイント！）

国としては、文章で気持ちを表現する人は歓迎しないのです。なぜなら、文を書ける人は自然と言葉もそれなりに上手くなります。いろいろ考えたり、意見を言ったり、なによりも疑問を持つことができます！　国民をコントロールするためには、文章がうまくならないように、学校では部活、宿題、そしてテスト、テスト……。社会に出たら、会社で残業、残業、考える時間を与えない。忙しく動いている毎日の中では、疑問を持つ時間が生まれません。おまけに、文字の形にこだわると、自分の意見を書く気にもなりません。国にとっては、意見を言わない、言えない国民がもっともコントロールしやすいのです。

毎年一一月ごろから、「喪中」のハガキが届きます。私の知らなかった習慣ですが、このハガキの内容を見ていつも感じるのは、心が伝わっていないことです。このようなハガキもやはり、気持ちより形としか思えません。自分の身内が亡くなったら、手書きでその人について一言を書くならわかりますが、ボタン一つで出来合いの文を送るのは貧しい心です。これもおそらく、「文より形」の学校の教えの結果でしょう。大事なのは文ではなく、気持ちでもなく、形です。

これが国の狙いです。

これを読んでいるあなたが「考えすぎ」と思うのなら、あなたも固定観念に染まっている一人かもしれません……。

残念ながら、実は今までこの記事に対しての意見などは聞いたことがない。しかし、この記事を読んだうちの五〇人に一人が、今まで信じていたことに少しでも疑いの心を持ち、そしてこれによって周りで起きる様々な現象を違った目で見ることができれば、私としては満足を感じる。

「正しい戦争」から目が覚めた！
――二〇〇八年末のイスラエル軍によるガザ攻撃

二〇〇八年一二月二七日から翌二〇〇九年一月一八日にかけて、イスラエル軍は大々的にガザ地区を攻撃した。ガザ攻撃はこれが最初ではなかったが、この時の攻撃の規模はそれまでとは違っていた。イスラエル軍による約三週間の攻撃で、四五〇人の子どもを含む一四〇〇人のパレスチナ人が犠牲になった。単純計算で毎日子ども二〇人を含む六〇人近くのパレスチナ人が死亡したことになる。

このガザ攻撃では、イスラエル軍の戦車からの砲撃によって、パレスチナ人医師の娘三人と姪一人が亡くなった。この事件はガザへの攻撃中一大ニュースとなって取り上げられた。イスラエル側は当初、パレスチナ人医師の家から攻撃されたために応戦したと主張したが、後になって誤爆と認めた。二〇一四年のガザ攻撃でも、八月三日にイスラエル軍はジャバリアにある避難場所となっていた学校を攻撃し、パレスチナ人二〇人が死亡した。

イスラエルは攻撃したのは学校ではなく、学校近辺だと弁解したが、後日、イスラエルのマアリブ紙（二〇一五年三月一九日付）によると、結局は学校への攻撃だったと認めざるをえなくなったと報道された。しかし、ほとんどのイスラエル人にとって、それは虚偽ではなく、「誤爆の一つや二つ、戦争だからしょうがない」と開き直れるものなのだ。

二〇〇六年の第二次レバノン戦争を最後に、イスラエルは「戦争」という言葉を使わなくなり、「作戦」と呼ぶようになった。その理由ははっきりしない。もしかしたら、「作戦」の方が事態を小さく見せられる、あるいは兵士やその遺族へ支払う賠償金・補償金が安く済むのではと勘ぐってしまう。はっきりしていることは、二〇〇八年末のガザ攻撃以降、イスラエル軍は「作戦」で数千人のパレスチナ人を殺したという事実である。

私はこの二〇〇八年末のガザ攻撃以前の、より規模の大きな戦争に対して反対の声をあげることはなかった。戦争の邪悪さに気がつかず、戦争が起きる理由を考えることもしなかった。なぜなら、イスラエルが戦争に臨むのは、そこには正当な理由があるからだと信じていたからである。実は、妻のかほるは二〇〇六年の第二次レバノン戦争からイスラエル国防軍の行動に疑問を感じて声をあげ始めたが、当時の私はまだ、イスラエルを擁護す

イスラエル軍によって徹底的に破壊されたガザとそこで生きる子どもたち
©金子由佳（日本国際ボランティアセンター）

る気持ちを捨てきれずにいた。

子どもの頃、私の周りにはいわゆる左派的な考えの人が多かった。「良いアラブ人は死んでいるアラブ人……」などという差別的な冗談を左派でさえ口にしていたが、家族や友人たちは、武力ではなく外交によるパレスチナ問題の解決を望み、中東にもいずれは平和が訪れると信じていた。

しかし、二〇〇八年末のガザ攻撃で、イスラエル軍が多数のパレスチナ人を殺害したとき、私の中で何かが変わった。そのときの攻撃に対するイスラエル人の反応はどこかそれ以前と違っていたのだ。私が三年間在籍していた軍隊も変わったし、私の周りにいた人たちも変わった――少なくとも私の目にはそう映った。この変化にどのようにして気づいたかは覚えていないが、子ども時代から戦争について常に言われてきたことがはたして本当なのかと、この頃から疑うようになった。

私はガザへの攻撃について、イスラエルの市民がどう考えているのかを知りたいと思い、きょうだい、友人、元国会議員、ガザ攻撃に参加していた戦闘ヘリのパイロットなどから様々な情報を聞いた。その結果、このガザ攻撃については右派、左派の違いに関わらず、ほとんど全てのイスラエル人が肯定していることがわかった。

これまで、武力に走るのは良くない、戦争ではなく外交に頼るべきだと言ってきた人たちまでがこのガザ攻撃を肯定していたのである。彼らは、イスラエル軍の攻撃による途方もない数の死者、無防備な子どもの命が奪われる残酷さに思いを寄せたり、戦争の原因を客観的に考えたりせず、「今回は別の方法がなかった」と言い放ったのだ。私がリベラルだと思っていた人たちまでもが、このガザ攻撃に関して、一斉にイスラエルと軍の弁護をし始めたのだった。

イスラエルからの返信メールの中に、「この写真を見ればパレスチナ人がどんな人々なのか理解できるだろう」と、いくつかの写真を添付したメールもあった。その写真には戦闘訓練をしているパレスチナ人の子どもやイスラム過激派が写っていた（筆者注――送信者本人が撮った写真ではなく、ネット上で出回っている写真だった）。しかし少し考えてみれば、（すでに述べたことだが）イスラエルの高校生は入隊前から軍隊慣らしとして五日間の集中プログラムを受ける。そこでは軍服を着用し、兵器使用の訓練やきついランニング、身体トレーニングのほか、学校のカリキュラムにはない、命令一辺倒の厳しい生活体験をする。その後、希望者には週二回の追加プログラムも用意されている。要するに、添付写真と同様のことをイスラエル側も行っているのだ。ちなみに、イスラエルの右派によるデモの光景を写真に撮れば、送られてきたイスラム過激派の写真と瓜二つのものが仕上がるだろう。

ちょうどその頃、このガザ攻撃について知りたいという日本の若者グループから、話をしてもらえないかと声をかけられた。私も良い機会を与えられたと思い、ガザ攻撃の実態やイスラエルの政治について調べ始めた。すると、私が学校や家庭で培ってきた戦争と平和に関する認識が大きく揺らいできた。私は、祖国イスラエルは平和を望んでいる国だと思っていたのだが、実は今まで戦争を防ぐチャンスはあってもそれを防ごうとしなかったのだとわかった。少なくとも一九七三年の第四次中東戦争（六三～六四ページ参照）と、二〇〇八年末のガザへの攻撃はそうだった。

私は「平和への願い」と題した講演活動と同時に、イスラエルの人びとに向けて、ヘブライ語で同じタイトルのブログを書き始めた。ブログのコメント欄を見ると、イスラエル人がいかに外からの批判を受け入れようとしないかがよくわかった。

例えば――

「批判したければイスラエルへ戻って来い」

「あなたが言うことは正しいけど外国から言われるのは受け入れられない」

「日本は戦時中中国人をたくさん殺したろう?」(↑私を日本人だと思っているらしい)

私のブログに批判的なコメントを寄せてくる人びとに共通しているのは、小学校の頃から旧約聖書を勉強し続ける私たちは、他より優れた、神に選ばれし民族であること、そしてゴルダ・メイアのあの言葉「世界の誰一人として私たちを批判する権利はない」である。

(これも先に述べたことだが)軍隊に入った時に配られる「軍隊仕様」の旧約聖書の冒頭には、「旧約聖書を勉強することによって、私たちユダヤ民族の起源とつながることになり、これによってより良い民族と軍隊を作ることができる」というメッセージが掲げられている。イスラエル国内の人からしたら、このメッセージはごく普通のことを言っているにすぎないのかもしれないが、私のように外の世界に身を置く人間からすると、メッセージに象徴される宗教と軍隊のつながりに異常さを感じる。ユダヤ教が私たちに教える選民思想を、力を持つ軍隊に持ち込むのは非常に危険だと思う。

ブログ「平和への願い」に意見を書くたびに、私はイスラエル弁護団の前に立たされているような気がする。私と違う意見の人、または右派寄りの人がイスラエル擁護にまわるのは当然だが、私と似た意見を持つ人（イスラエル国内の友人相手に私同様の意見を話す人）が、私が外国に住んでいるという理由だけで、私の意見を拒むのはとても心配な現象だ。

イスラエルを弁護する人びとは、ガザ攻撃でパレスチナ人一四〇〇人を殺すことを肯定するなら、いずれ五〇〇〇人の殺しも肯定するようになると、私が警告しても、誰一人聞く耳を持たなかった。「イスラエルが数千人を殺すはずはない……」と返された。

その六年後、二〇一四年のガザ攻撃で、なんとイスラエル軍は五七七人の子どもを含む二二〇八人のパレスチナ人を死に追いやったのだ。この時も、この殺しに正当な意味付けを試みるイスラエル人が大勢いた。私の五〇〇〇人の「予測」には届かなかったが、この人数が「達成」されるのもおそらく時間の問題だろう……。当然二〇一四年のガザ攻撃も「作戦」と呼ばれていた。

私の講演活動の頻度はペースアップし、本業の家具作りをしながら月に三回ほど行うようになった。この「平和への願い」の講演とともに、戦争や平和と直接つながるテーマである人権関連の講演も増えていった。その後、「外国人の目に映る日本」の講演も開始した。

ある時、私の講演を聞いたことのない友人に、「ダニーさんは講演で日本の悪いことについてばかり話していると聞いたが、そういうことは日本の歴史と文化をマスターしてからにしたら」と言われた。日本にも自国の批判を聞きたくない人がいる……。「自国弁護」はイスラエルの専売特許ではないことを知った。私は彼に、「講演では日本の悪いことではなく、外国人の目に映る日本について話しています。だから、日本の歴史と文化をマスターすれば、私の講演は『外国人の目』ではなくなりますよ」と答えた。

私にとっての「3・11」

二〇一一年三月一一日——全ての日本人同様に私も目の前で起きている現実が信じられなかった。経験したことのない激しい揺れ、見たこともない大きな津波のあと、テレビから流れてくるのは、絶対起こらないと言われていた原発事故と、政府首脳が繰り返す「ただちに影響はない」……。「ただちに」の本当の意味を理解するには時間がかかる。この言葉を額面通りに受け取れば、いつかは影響が出るということだ。影響が出始めたら政府は何かをしてくれるのか？　今までのところ、これについて説明はなされていない。この無責任な発言についての、私なりの解釈をイラストで表現してみた。

「ただちに影響はない」　© MizIno

あれから五年が経った。あの日を境に「強制」あるいは「自主避難」をせざるを得なくなった人たち、家族、親戚、友人を失った人たちと違って、被災場所から離れた人たち、直接の影響を受けなかった多くの人たちにとって、「3・11」はもはや歴史の一ページとなり、原発事故の前と全く同じ日々に戻ったかのように見える。

だが、あの日を境に「強制」あるいは「自主避難」をせざるを得なくなった人たち、家族、親戚、友人を失った人たちにとって、あの日以前と以後の生活は全く別の営みだろう。私にとってももう一つの悲劇が重なった日である。私は毎週金曜日、イスラエルにいる母に電話をかけることを習慣にしていた。三月一一日も金曜日で、震災が発生した数時間後にいつものように電話をかけ、こちらの無事を伝えた。「心配しないで……」と。その二四時間後、私の妹からの電話だった。

「お母さんが急に亡くなったの。お葬式に来て」

震災と原発事故の混乱の中、日本から出る飛行機は全て満席だった。どうしてもチケットが取れず、あきらめていた時に、妹から、イスラエルでチケットを予約したら成功したとの連絡が入った。週明けの月曜日、葬式へ向けて旅立った。

震災後最初の平日だった三月一四日、電力不足の懸念のためか、あるいは国民に電力が不足していると思わせるためなのか、電車の本数は大幅にカットされていた。成田空港までは私の住むところからおよそ四時間あれば行けるのだが、この日は六時間半もかかった。すんでのところで飛行機に乗り遅れるところだった。

イスラエルの葬式は、告別式のあとに七日間、亡き人の家で遺族が親戚や知り合いを迎える習慣がある。挨拶程度に数分だけ顔を見せる人もいれば、何時間も留まる人もいる。

母の墓。ユダヤ教の葬式では遺体を土葬し、その上に墓石を置く。右隣が父の墓

また、その間一回限りの人もいれば、何回も訪ねて来る人もいる。私は、母の突然の死のために、震災後の一週間をイスラエルで過ごしていた。このことは私のその後の活動に大きな影響を与えることになった。

イスラエルのテレビでも、毎晩、原発が爆発したこと、世界中の国々が日本から自国民を避難させていることなどを報道していた。居ても立っても居られず、日本に電話すると、「日本は大丈夫、ヘリで原発に水をかけている」と言われた。こんな会話が毎晩繰り返された。イスラエルのきょうだいたちは心配して、「かほると子どもたちをイスラエルに避難させた方がいい！」と言いだし、かほると子どもたちの航空券を予約し、「使いたければこれを」と勧めた。

私の方は、イスラエルで見る報道と日本から伝えられる報道を比べると差が歴然としていて、日本の報道を疑うようになった。私は日本にいったん戻ってから、家族で避難するかどうかを決めることにした。日本に戻ってから、事実を詳しく調べ始めると、ＳＰＥＥＤＩ（緊急時迅速放射能影響予測ネットワークシステム）のデータは公開されず、避難すべきところが初期被曝に晒された。信頼できるインターネットメディアを見ると、マスメディアが伝えるよりはるかに高い数値の放射線量を示す汚染マップが公開されている。しかし、住んでいる地域の秩父では不安があるものの即避難というほどではないと判断した。そしてネットから信頼ができる情報を取り入れ、のちの活動につながった。私たちは日本に残り、脱原発に向けてできることをしようと決めた。イスラエルへの避難は取りやめになった。

「３・11」を経験して、戦争が日常の国に生まれた私は、祖国のメディアと同じように都合の悪い情報を隠そうとする日本のメディアだけでなく、この国に巣くう二つの産業の

2011年4月、イスラエルから派遣された緊急支援チームの通訳として被災地に入った

存在を強く意識するようになった。それは軍需産業と原発産業である。この二つの産業の共通点とは、少しの人の利益のために大勢の人が犠牲になることである。

そして「戦争も原発もベストな方法ではないが、今のところ他に方法がない」という政・財・官そしてメディアがそろって垂れ流すプロパガンダ。この問題に多くの人たちに気づいてもらいたいと、これまでの講演「平和への願い」の内容を大幅に編集し、「原発危機と平和」をテーマにして講演を続けた。現在はさらにバージョンアップして「原発危機と平和・ホロコーストから原発まで」と題して各地で話している。

「3・11」で再び点灯した「五九メートル」の赤ランプ

私たち一般市民の多くは、自分たちの健康や安全、人権や幸せを最優先に行政が考えて仕事をしていると思っているのではないだろうか。

しかし、実際はどうだろうか……。

一五年程前に体験したエピソードを紹介したい。私に地元の衛生委員の当番が回ってきたときのことである。一年間、秩父郡市の環境・ごみ問題を考え、ごみ拾いなどの活動をする仕事である。活動の手はじめとして、秩父のごみ処理関連施設見学ツアーに参加した。秩父クリーンセンター所長による案内で見学ツアーを終えた後、参加した衛生委員からの質問タイムが設けられた。後ろの方に座った私は、ひとり手を挙げ（そう、日本人は質問をするのが得意ではない。数人が後ろを振り向いて「えっ、後ろの外国人、日本語わかるの？」という目でわたしを見た）、「説明には施設の煙突の高さが五九メートルとありましたが、その半端な数字の理由は何ですか?」と尋ねた。

するると、「日本の航空法によって、高さが六〇メートル以上になると煙突の上に航空障害灯を付けるのが義務になります。そうするとさまざまな申請が必要になり、予算にも響くのです。また、五九メートルまでだと県の許可、六〇メートル以上で国の許可が必要になり、施設完成まで多くの時間を要します。だから五九メートルにしました」という答えが返ってきた。

その時、私の頭に赤ランプが点灯した。煙突の高さの決め手は、近隣地域住民への影響ではなかったのだ。決め手となるのは「安さ・早さ」であり、「健康・安全」は二の次なのだ。今思えば残念なことに、当時の私は頭の中の赤ランプをピカピカさせていただけで、批判の声もあげなかったし、別の焼却施設の煙突の高さを調べようとも思わなかった。

3・11の後、私はこの煙突の話を思い出した。現在では講演に呼ばれた先で、その自治体の焼却場の煙突の高さを必ず調べて、みなさんに報告している。

秩父クリーンセンターの煙突

最近講演したところの焼却施設の煙突の高さは、次の通りである。

【茨城県古河市】
古河クリーンセンター　五九メートル
クリーンセンター寺久　五九メートル
【静岡県浜松市】
浜松市西部清掃工場　五九メートル
浜松市南部清掃工場　五九メートル
【埼玉県新座市】
新座環境センター　五九メートル
【長野県塩尻市】
松本クリーンセンター　五九・五メートル（努力賞！）

「五九」は全国の焼却施設所長のお気に入りの数字ではなく、市民の健康より安さと早さを第一に考えた結果の数字。そしてこれは、秩父だけの専売特許ではないことがわかる。しかし、四〇メートルでも健康に悪影響はないが、市民の事を考えて五九メートルまで煙突を伸ばしたという可能性もある。そう思った私は、東京の焼却施設の煙突を調べることにした。

【港区】
港清掃工場　一三〇メートル
【中央区】
中央清掃工場　一八〇メートル
【渋谷区】
渋谷清掃センター　一四九メートル
【杉並区】
杉並清掃センター　一六〇メートル

東京では一〇〇メートルを優に超える高さの煙突があるということがわかった。なぜ東京の煙突は高いのか？　東京には環境問題に関心を持ち、声をあげる人が多くいるから、東京に住む人間の価値は田舎の人間のそれより高いから、東京に原発を作らない理由と同じく、私たちには知らされていない別の理由があるのか……。読者のみなさんにもぜひ、自分の町のゴミ焼却施設の煙突の高さを調べてみることをおすすめしたい。

私はゴミ焼却施設の煙突の高さの〝基準〟が「安さ・早さ」であることと、原発推進派の論理も同じではないかと考える。

二〇一一年一〇月九日の『しんぶん赤旗』に「コスト削減で津波直撃」という記事が載った。この記事によると、福島第一原発の建設に関わっていたGE（ゼネラル・エレクトリック）社は原発の設置場所を元の海抜三五メートルから二〇メートルの位置まで掘り下げるように提案していたが、東京電力はこれを断り海抜一〇メートルまで掘り下げた場所に設置したという。

記事の中に引用された元東電幹部の証言は以下のとおり。

「原子炉と建屋などはすべてGEまかせだったが、海抜二〇メートルという案は受け入れず、海抜一〇メートルにした。今はそのまま二〇メートルにしていれば、と思うが……。そうしなかった理由は原発の運転コストが余計かかるからだ」

私はこの記事を読んで、東京電力が福島第一原発を建設する際に「海抜一〇メートル」にこだわった理由をさらに考えた。日本の原発は、大量の冷却水を海から汲み上げている。東京電力に原発事故以前の福島第一原発の冷却水量について問い合わせたところ、二〇一六年一月一三日に以下の回答を得た。

一号機＝二五・三立方メートル毎秒
二号機＝四三・二立方メートル毎秒
三号機＝四三・二立方メートル毎秒
四号機＝四七・一立方メートル毎秒
合　計　一五八・八立方メートル毎秒

一秒間で一五八・八立方メートルという冷却水が必要だということだが、この数字を具体的にイメージしやすくするために、小学校のプールを思い出してもらいたい。小学校のプールは長さが約二五メートル、幅が約一二メートル、深さが約一メートル以上あるのが一般的だ。満水量は三二〇立方メートルで、プールに水をためる際にはおよそ三日〜一週間かかる。つまり、福島第一原子力発電所の四基の原子炉の冷却水二秒分とプール一杯分が同じということになる。一時間で換算すると、実に学校のプールの一八〇〇杯分。これを一日二四時間、一年三六五日、休まず続ける。これが国と電力会社が高らかに主張する〝もっとも安い発電〟の現実である。

二秒間でプール一杯分の海水を一〇メートル汲み上げるか、二〇メートル汲み上げるか――東京電力は、津波に備えて高い位置に原発を建設することより、コスト削減を優先したのではないだろうか。

私が東京電力から得た回答によると、地震による破損を免れた福島第一原発の五号機と六号機の冷却水は五号機〇・五立方メートル毎秒、六号機一・五七立方メートル毎秒のペースで現在も続いているという。稼働時と比べればはるかに水量は少ないものの、原発は他の発電と違い、稼働停止時にもこれだけのエネルギーを休むことなく使う必要があるのだ。

「原発とめよう秩父人」を立ち上げる

「3・11」から三カ月が過ぎようとしていた二〇一一年六月五日。この日は四四年前の第三次中東戦争（六日戦争）が始まった日でもある。かほると私は知り合い一〇人ほどに声をかけ、私のミニ講演を聞いてもらった後、みんなでこれからの日本を考え、話し合おうというイベントを計画した。驚いたことに、その日我が家に集まったのは予想をはるかに越える三五人。一～二時間と考えていたフリートークは六時間にも及んだ。

そこでわかったのは、その場に集まった全員が原発事故のことを真剣に考えているのは自分ひとりだけだと思っていたこと、そしてひとりではどうすることもできないと感じていたことだった。

そこで、「このような集まりをこの場一回限りではなく、定期的に開くこと」「第一ステップとしてフェイスブックグループを立ち上げて、同じ意見、同じ価値観の人とつなが

「原発とめよう秩父人」ロゴ

ること」「月一回の定例会を開催すること」を決めた。「原発とめよう秩父人」のはじまりである。

この立ち上げに参加していた秩父のパン屋「ラパンノワール くろうさぎ」店主夫妻の好意で、定例会を「くろうさぎ」のイートインスペースで行うことも決まった。オーガニックフードにこだわりを持つ「くろうさぎ」夫妻は、一九八〇年頃住んでいた奄美大島の隣の島、徳之島の核燃料再処理場建設計画の反対運動にかかわって以来、長年反原発運動に取り組んできた。福島第一原発事故が起きてからは、放射能検査を受けた小麦粉のみを原料にパンを作っている。「3・11」まではこの店とほとんど縁がなかった私たち夫婦だが、「原発とめよう秩父人」立ち上げの日以来大いに助けられている（そして何を隠そう、私は「くろうさぎ」のフォカチャやライ麦パンの大ファンである）。

立ち上げの少しあと、「くろうさぎ」で「原発とめよう秩父人」の第一回定例会が行われた。この時、私たち「原発とめよう秩父人」のフェイスブックグループにはすでに一五〇人のメンバーがおり、第一回の定例会には二〇人が集まった。想像もしなかった原発事故という大惨事が起きてしまい、政

ラパン ノワール くろうさぎ ©山田ミオ

府が情報を隠していた（る）ことに対して、私たちは怒りを感じている。その怒りをどこに向ければ良いのか。

「何かをしたい、何かを変えたい」という気持ちはある私たちだが、「知識」がないと気づいた。「原発とめよう秩父人」には、ものづくりに携わる人たち、教師、会社員など職種も年齢も様々な人がいるが、原発の専門家、放射能やエネルギーの専門家はいない。知識を持たずに活動をするのは難しいので、様々な分野の専門家を呼び、知識を増やすことにした。例えば、原発で働いていた人たち、放射能と被曝の専門家、クリーン・エネルギーの専門家、海洋汚染の専門家など二〇人以上の話を聞いて、私たち一般市民としてできること、グループとしてできることについて考え始めた。

また、放射能を測定することが重要だと知って、秩父で測定を始めた。当初は安価な測定器を使っていたが、勉強を重ねた後、信頼のおける測定器をグループで購入し、測定結果のデータ収集や、放射能への不安を感じるグループメンバーの希望があれば測定器の貸出も行うようになった。測定場所として重視したのが、秩父郡市の子どもが一日に何時間も過ごす小中学校である。

ある時、「原発とめよう秩父人」メンバーの二人で、秩父市内のある校庭の空間線量の測定をしていた。私たちの隣には市の職員が同じように測定をしていた。その当時、まだ安価な測定器を使っていた私たちは、自分たちの数値が正確かどうかを知るために、いかにもプロ仕様で高そうな測定器を使っていたその市職員に数値を聞いてみることにした。彼の答えは「この測定結果は人に見せないように言われているので……」というビックリ回答。それでもめげず、市職員の近くに立っていた学校の先生に、こっそり教えてくれるよう冗談めかして頼むと、なんと「測定結果は学校側にもその場では伝えられないのです」と言う。これは、とても不思議で怪しい行為に思えた。一体、どこのだれが測定結果を隠すようにとの命令を出したのだろうか。仮に高い数値が出たとしても、学校に知らせずに、何事もなかったかのように子どもと先生が校庭で活動する可能性もあったのだ。
「まず国民を守る」と豪語していた日本政府だが、福島では放射能で汚染された土地に残されている方々がまだまだ大勢いらっしゃる。そして、将来発生し得る原発事故でも同じことは起こるだろう。

防衛費に国家予算の二割を割き、「国民のいのちを守る」と大言壮語しているイスラエル政府も、ひとたび戦争が起きると国民や日常生活を一〇〇パーセント守りきれるとはとても言えない。平和のための努力をせず、軍事費にさらに予算をまわすイスラエル。クリーン・エネルギーに移らずに原発再稼働を進める日本、戦争も原発事故も、犠牲が出た際の合い言葉は「次回は絶対安全」だ。

「原発とめよう秩父人」では、放射能測定のほか、様々な視察ツアーも行っている。クリーン・エネルギーを採用している施設や、原発事故が起きてすぐに給食の食材の放射能測定を始めたという学校の見学、そして二〇一三・一五・一七年には福島第一原発二〇キロ圏内ツアーを行った。この福島ツアーでは、自らの目で被災地の状況を確認し、汚染された土壌を数値で確かめ、地元の方々から体験談、将来の不安や希望を聞いた。そして、このような活動に少しでも関心を深めてもらい、一緒に活動をしてくれる人を増やすため、現地で見聞きしたことを写真・動画を使って地元秩父で報告会を開いた。

その他の活動としては、各所で行われる脱原発デモへのグループ参加、地元でのデモ・イベントの企画運営、映画の上映会開催、原発関連裁判支援、毎年三月一一日に「原発事故を忘れない」「福島を忘れない」をテーマにオリジナルポスターを作り、新聞の折り込みチラシにしておよそ二万部を配布、埼玉県内で同じような活動をしているグループとの情報交換もしている。

事故から五年がたった現在でも、「原発とめよう秩父人」の定例会は二週間に一度のペースで行われている。毎回集まる人数は一五～二〇人ほどで、これからできること、大人としてやるべきことを真剣に話し合う。より良い未来のため、この活動が広がっていけば良いと思っている。そのため、私たちは特定の宗教または政治政党に染まらず、「大人の責任としてより良い社会を創りあげたい」という考えを持つ人であれば誰でも喜んで受け入れることにしている。これを読んでいるあなたも、興味があれば、ぜひ「原発とめよう秩父人」と検索し、連絡をいただきたい。

脱原発活動のグループとして産声をあげた「原発とめよう秩父人」だが、現在では脱原発をベースにしつつ、様々な社会問題に取り組んでいる。

「ちゃぶ台ナショナリズム」とのたたかい

田舎暮らしを始めたころ、テレビ番組への出演を頼まれることが多かった。今後の仕事につながるかもしれないとの思いから、当初私たちはあらゆる番組からの出演オファーをOKすることにしていた。しかし少しずつ、私たちの仕事である家具作りとは全く無関係な番組に出るように頼まれ始めた。例えば――

国際結婚を取り上げた番組に出演するように頼まれたとき、「言いづらいのですが、番組中夫婦ゲンカを装うのは可能ですか？」と聞かれた。当然この依頼は断った。また別の企画では、低予算で生活をしている人を面白おかしく紹介する番組だった。「月10万円で生活している人を紹介しています」と説明するスタッフ。「私たちは月一〇万円ではとても生活できません」と言うと、「それは心配いりません。番組では月一〇万円で生活をすると言えばいいのです。細かい数字はこちらで合わせますので……」と言われた。この番組の出演も断った。

タレントと共演することもあった。我が家の庭でいかにもゆったりと「田舎っていいですねえ、時間がゆっくり流れて」と満悦の表情を浮かべた後、二分後には大急ぎで次の収録現場へ……そう、テレビは、見せたい虚構をいとも簡単に作り上げるのだ。私たちはテレビ番組の制作現場を目の当たりにして、出演依頼を断るようになっていった。

二〇一五年の秋、久しぶりに出演依頼が来た。ちゃぶ台を作っている、珍しい外国人がいるという番組だ。私のちゃぶ台作りについての二〇~三〇分の番組——気持ちがちょっと動いた私は、「私は社会活動もしています。素晴らしい日本を無条件に愛し、ちゃぶ台を作っているだけではありません。番組の中で私の社会活動についても話していいのなら出演します」と言った。意外なことに「それは当然可能です」とすんなり言ってもらえ、番組スタッフ二人が数日後に予定されている私の原発についての講演を聞くことにし、その後一回目の打ち合わせをするという段取りになった。

ところが、講演前日になって、「講演に伺うのはスタッフ一人のみになりました。講演の途中参加になってしまうかもしれません」と言われた。ここでおかしいと気がつけば良かったが、私はまだまだ甘かった。結局そのスタッフは講演終了の二分前に到着、近くの

ダニー・ネフセタイ作「ちゃぶ台」

ファミリーレストランでもう一人のスタッフが来るのを（長い時間！）待った後、打ち合わせがスタートした。この打ち合わせでも、番組で私の社会活動について話すのは問題ないと太鼓判を押された。忙しい時期だったが、番組のための次の打ち合わせもこなし、番組関連の新聞記事のためのインタビューも依頼され、記者も来た。私が作ったちゃぶ台を使ってくれている、ある家族への取材の事前打ち合わせも行った。

番組の中で、ちゃぶ台が完成するまでを撮りたいと言われた。ちゃぶ台はカップラーメンと違い、三分で出来上がるものではない。そこで別の二つの注文を待ってくれているお客さん（二人）に事情を話して、完成を先延ばしにしてもらい、番組用のちゃぶ台の制作に取りかかった。このちゃぶ台は、撮影が終わったら購入すると約束してくれた。

撮影の二日前、「どうしてもあと一回」と言われた打ち合わせで、番組制作者の方から出た驚愕の発言。

「ダニーさんの家の壁に貼られている平和関連のポスターを、撮影中外すのは可能ですか？」

「はあ？」

「外さないと番組ではこのポスターにモザイクをかけることになります」

これにはショックを隠せなかった。我が家の壁にポルノポスターが貼ってあるとでもいうのか？

驚いた私たち夫婦は、番組中の社会活動紹介について尋ねると、「これも難しくなりました」と言い出した。次の日の朝、制作会社の上司から電話があり、「社会活動の話をなしにするのは可能ですか？」と聞かれた。

「約束が違う！　社会活動の話もできるのなら、ということを条件に私はこの番組への出演を受けたんですよ！」と怒った。するとその上司は、「今晩まで考えさせてください」と言った。その日の夕方の電話で再び、「この番組では日本の伝統を守っている外国人を紹介しているので、社会活動について話していただくのは厳しいです。それでもどうにか出演をお願いできませんか？」と図々しく、しつこく頼まれた。

これがメディアのやり方なのだ。ここまで打ち合わせし、具体的に話を進めておいて、いきなり撮影前日に約束違反を持ち出されたら、妥協してしまう人も多いだろう。制作会社が作りたかったのは、「日本を愛している外国人が日本の伝統を守り、もの作りをしている」場面だけで、私の社会活動はどうしてもカットしたいのだ。日本のちゃぶ台を愛し、地域の祭りで太鼓を叩いているとか、イスラエルのフォークダンスを教えているという〝社会活動〟なら、彼らが望むストーリーに入れてもらえたのかもしれない。

私はなにも、社会活動をしている自分についての特集番組を制作してくれとは頼んでいない。社会活動についてはほんの一言紹介するだけでいい、それが出演の条件だと言い、それにＯＫが出たのだ。それでも彼らは、平和・反原発を訴える活動はテレビの枠の中に入れたくなかったのだ。結局、私は番組出演を断った。私の本職と社会活動は切り離すことはできないからだ。

制作会社がちゃぶ台を購入したことが、この件で守られた唯一の約束だった。

テレビの番組編集は本当に恐ろしい。彼らは撮りたいものを厳密に選別し、見せたくないものを徹底的に排除する。そうしてできあがったものをお茶の間で観る視聴者のなかには、すべての言辞が映し出されていると思い込む人が多いのではないだろうか。テレビに騙されない唯一の方法は、テレビを観ないことである。

例えば、ナショナリズムが激しくぶつかる領土問題では、テレビが頻繁に扱うのは「尖閣諸島」や「竹島」である。結果、中国や韓国に対するイメージは悪くなるばかりである。

領土問題ならば、イスラエルのテレビも負けていない。

一九六七年の第三次中東戦争当時、イスラエルのメディアはイスラエルが占領した地域に対して「占領」という言葉ではなく「戻ってきた土地」とよく使った。なぜなら、多くのイスラエル人が、第三次中東戦争で占領した土地はもともと神様がユダヤ人に約束した土地だと思っているからだ。

イスラエルのメディアに特徴的なのは、イスラエル国防軍がいかに〝人道的〟な戦いを行っているかを強調することだ。「人道的な戦争」――矛盾したフレーズのはずなのに、多くのイスラエル人は「イスラエル国防軍は世界一人道的な軍隊」と胸を張って言う。メディアの戦略がみごとに成功しているのである。

二〇〇八年と二〇一四年のイスラエル国防軍によるガザ攻撃の際、人道的な作戦を行ったとみせるため、国防軍はあらゆる努力をした。爆弾を落とす前に、一般市民に避難を促すためのビラを配ったり、ガザの高層ビルにミサイルを撃つ直前、警告用の小型ミサイルを撃ったりした。しかし結果として、数千人の死者、数万人のけが人を出した。これほどの犠牲者を出しても、イスラエルのメディアは「数千人の死者にとどまったのは、攻撃したのがイスラエル軍だからです。他の軍隊の攻撃だったら死者数がさらに増えたでしょう」と説明した。

なぜ、パレスチナの罪なき子どもが何人殺されても、イスラエルのメディアは「人道的な戦争」であることにこだわるのか？　このプロパガンダは敵を説得するためではなく、イスラエル国民に、「自分の国の軍隊」「自分が以前入隊していた軍隊」「自分の子どもが現在入隊している軍隊」を素晴らしいものと認識させるためだ。そう思い込ませないと、「国のために死ぬのはすばらしい」と思う人がいなくなってしまうからなのだ。

戦闘機と戦車と無人機
――本当にこの道しかないのだろうか？

「3・11」を経験して、私は、原発産業と軍需産業の共通点についてさらに関心を深めていった。まず何より、どちらの産業も人間生活をも破壊する人権無視の上に成り立っている。そして、一部の人のみが裕福になる一方、大勢の人々が犠牲になる現実があるにもかかわらず、その是非が問われるとどちらも「必要悪」「ベストな方法ではないが、今のところこれ以外にベターな方法がない」と説明される。

例えば、脱原発・クリーンエネルギー推進運動について、「原発より地球に優しいエネルギーはあるが、そのエネルギーを使えるまでには数十年の研究と開発が必要である。実用化するまで、当面のエネルギーは原発でまかなう」という主張が力を持ち、原発が次々と再稼働されようとしている。

しかし、驚くべきことに、世界の地熱発電用タービンの実に七割が日本で作られている

イスラエル国防軍がモサドと協力して手に入れたミグ21の同型機

のだ。なぜ、日本のテレビ局は、世界的なシェアを誇る地熱発電用タービンの技術について、バラエティ番組で取り上げないのだろうか。

では、「戦争」はどうか。本当に「戦争以外の方法がベストだが、今のところ別の方法は難しい」のだろうか。

❖イスラエル空軍、ミグ21を手に入れる

ミグ21は一九六〇年代の〝もっとも優れた〟戦闘機の一つだ。当時イスラエルとソ連は敵対関係にあったのに、なぜイスラエルにミグ21があるのか？　この話は一九五〇年代後半にさかのぼる。

〝敵〟の国に囲まれているイスラエル空軍は当時、フランス製の戦闘機を使っていた。そして近隣諸国（レバノン、シリア、ヨルダン、サウジアラビア、エジプ

ト）は、ソ連製の戦闘機を使用していた。一九五九年から使われ始めたミグ21は、西側諸国にとっては謎の多い、互角に戦えるかどうかがわからない、大きな脅威となっていた戦闘機であった。

そこでイスラエル空軍は、情報機関「モサド」と力を合わせ、ミグ21を手に入れる作戦を立てた。ほぼ四年がかりで、モサドはミグ21のパイロットで、イスラエルに亡命しそうな人物を血眼になって探した。結果、エジプトで三四人、シリアで一八人、そしてイラクで一〇人を見つけ出した。そして少しずつ絞り込み、ついに一九六六年、イラク空軍のあるパイロットに狙いを定めた。

まず、このパイロットの家族をイスラエルに亡命させたあと、同年八月一六日、このミグ21はイラクからヨルダン上空を通り、イスラエルの領空に入ると、イスラエル空軍の戦闘機二機の誘導により、イスラエル中部の空軍基地に無事着陸した。余談になるが、この誘導を担当した戦闘機のパイロットの一人が、先述した私と同じモシャブ（村）出身で、その後、空軍基地司令官になり、私たちが高校三年生の時に参加した「軍隊見学」のときに空軍の説明をすることになる人物である。

その後、イスラエル国防軍は、この戦闘機の性能を空軍の優秀なテストパイロットによって徹底的に調べあげた。その成果は、それから一年後に起きた第三次中東戦争（一九六七年）でイスラエル空軍の大勝利に貢献したと言われている。

ちなみに、イスラエル空軍はこの戦闘機をアメリカ空軍に貸し出しベトナム戦争で大いに活用したという。後にこの戦闘機はイスラエルに返還され、現在はイスラエル南部の「空軍博物館」で展示されている。

大事なのはここからである。

ほぼ不可能と言われていた任務がモサドによって完璧に行われた。戦争を目的に莫大な予算と時間をかけて困難な任務をこなす情報機関ならば、平和を目的に同じように困難な任務を遂行することはできるはずである。私たちイスラエル人は子どもの頃から、教育やプロパガンダによって、近隣諸国との平和構築は不可能だと思い込まされている。「アラブ諸国のリーダーたちを相手に話などできない」とは、昔からのイスラエルの言い分である。

しかし、敵対関係にある国の空軍の中からしかるべきパイロットを探し出し、戦闘機ごとイスラエルに亡命させるという〝神業〟を成功させたモサドが、話のできるアラブ諸国のリーダーを探せないはずがない。ただ、探すようにとの命令を受けていないだけである。

そう、やる気さえあれば……。悲しいことに、国は戦争のためならいくらでも予算をつぎ込むが、平和のための予算などわずかなものだ。なぜなら、戦争によって経済が動くからである。

❖「抑止力」が効かないイスラエルと日本の防衛予算

次は戦車の話である。一九七八年はイスラエル国防軍にとって歴史的な年であった。初の国産で、しかも世界のトップレベルの性能を誇る「メルカバ」（筆者注——ヘブライ語で「騎馬戦車」）が誕生した年だ。この戦車本体は乗組員の安全を最優先に考えて作られた。このときは、イスラエル政府や国防軍の関係者の口からは、「新時代」「安全」「抑止力」という言葉が次々と飛び出した。それを聞いた私たちは、「もう怖いものなしなのだ。さすがイスラエル！」と快哉を叫んだ。

しかし、そのわずか四年後には「メルカバ　マークⅡ」が誕生。「えっ、マークⅠで安全なら、なぜマークⅡが必要なの？」と思った人はほとんどいなかった。むしろ「さらに安全になった。さすがイスラエル！」のムードだったと記憶している。さらに八年後、「マークⅢ」が誕生、そして一三年後には「マークⅣ」が……。戦車がステップアッ

イスラエル国防軍の戦車「メルカバ　マークⅡ」（ヘブライ語で「騎馬戦車」）

プするごとに、国は同じ説明をし、「新時代」「安全」「抑止力」の言葉は、聞きすぎて擦り切れたレコードのごとく使い回されていた。価格を調べてみると、「マークⅣ」は「マークⅠ」の四倍の値がついている。マークⅣの価格は六〇〇万ドルと言われている。私の講演でよく話すF35戦闘機は現在アメリカで開発中だが、すでにイスラエルには納品されている。この新鋭機も改良され続けるだろう。ちなみにF35一機は約二億ドルである。日本は四二機購入予定だ。

イスラエルの社会保険庁の調査（二〇一三年）によると子どもの三人に一人が貧困だ。ちなみに『朝日新聞』（二〇一五年一〇月一四日付）によると、日本の子どもの貧困は六人に一人、この記事では日本はOECD三四カ国中、子どもの貧困率では日本は

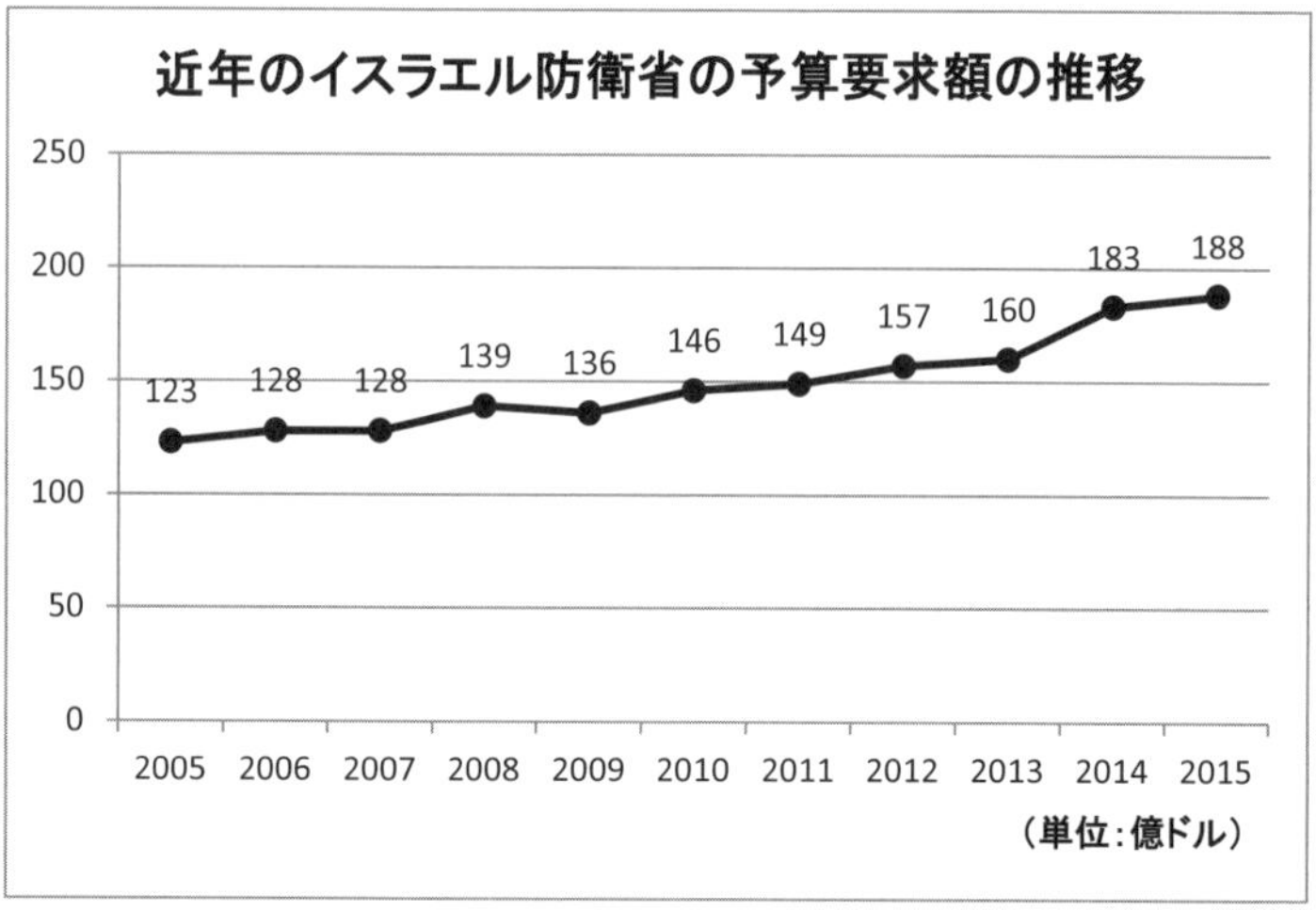

一一番目で、イスラエルは第一位である。イスラエルは八六四億ドルの国家予算（二〇一五年）のほぼ二〇パーセントの一八八億ドルを防衛予算に使っている。日本の同年の国家予算は九六三四億ドル（『日本経済新聞』二〇一五年一月一四日付）。防衛予算は五・二パーセントで四九八億ドルだ（時事ドットコム、二〇一五年一月一四日）。

イスラエルの兵器開発は止まらない。防衛予算は増額される一方だ。日本の防衛予算もまた二〇一二年以降、五年連続で増加している。

❖無人偵察機をイスラエルと日本が共同開発

次にイスラエルが目をつけたのは無人機だ。これによって、敵国を二四時間、監視・攻撃できるようになると言われている。遠く離れた作戦本部のモニターの前に座った軍人が、ボタン一つで「テロリスト」と思われる人を殺す時代がすでに始まっている。時折この「テロリスト」の隣人も殺されるが、その時は「すみません、これから気をつけます」で済んでしまうのだ。その謝り方も、犠牲になった人によって対応が異なる。例えば——

◉タイム紙（二〇一三年一一月二九日付）によると、アメリカ軍の無人機の攻撃でアフガニスタンの一般市民に死者と負傷者が出たことに対して、アメリカ軍の大佐がカルザイ大統領に電話で謝罪した。

◉ニューヨークタイムズ紙（二〇一五年四月二三日付）によると、同年一月にアフガニスタンでアルカイダに拘束されたアメリカ人とイタリア人が、アメリカ軍の無人機によって誤爆、殺害された。それに対して、オバマ大統領は正式に謝罪をした。

ところでこの無人機をめぐって、日本とイスラエルは急接近している。日本の防衛装備庁とイスラエルが無人偵察機の共同研究への準備を進めているというのだ。イスラエルの無人機技術は世界最高レベルとされ、関係者によると、共同研究は、イスラエルの無人機技術に日本の高度なセンサー技術などを組み合わせる狙いという（『佐賀新聞』二〇一六年七月一日付)。

メルカバが誕生した時に約束されたように、国は「無人機なら一〇〇パーセント、国防軍の兵士たちは安全だ」と約束する。しかし、想像してみてほしい。他国の無人機が二四時間、あなたの国の空を飛び、どこかの誰かがあなたを怪しいとみなしたとき、ボタン一つであなたと近隣の子どもが殺される可能性がある……あなたならこの状態を許せるか?世界中のどこにこれを許容する人がいるだろうか。

❖新兵器は必ず実戦で試される

ここで、第I部に書いたイスラエルとアメリカの特別な関係を作り上げているもう一つの現実について触れる。それはアメリカにとって、兵器輸出の〝お得意さん〟がイスラエルという関係である。

イスラエル軍は、建国以来一九六七年までは国産の兵器の他にフランスの兵器を購入してきた。アメリカは、中東での立場を中立に保つため、イスラエルに兵器輸出をしなかった。ところが、一九六〇年代後半、フランスはアラブ諸国との関係を深めるため、一九六七年にイスラエルへの兵器輸出を完全にやめた。それ以来イスラエルの兵器輸入は主にアメリカからとなった。当時のモサド長官によると、アメリカがイスラエルへの輸出を始めたのは、あのミグ21をアメリカに貸し出した恩があるからだという。私の憶測では、一九六七年までアメリカの軍需産業はベトナム戦争によって景気が良かったが、戦争が終結に向かうなかで、中東への兵器輸出につながったのではないかと考えている。

イスラエルの主な兵器購入先として、アメリカ（戦闘機、戦闘ヘリ、輸送機、ミサイル、様々な爆弾など）、ドイツ（潜水艦）、イギリス（戦車と無人機の部品）、イタリア（パイロット養成学校の練習機）などいくつもの国がある。特に、アメリカからは毎年三〇億ドルの軍事支援費を受け取っているが、その条件として三〇億ドルの七四パーセントをアメリカの兵器購入に充てることになっている。二〇一九年以降は毎年三七億ドルに増額されるが、全額をアメリカ製の兵器購入に充てることが決定した。

アメリカの軍需産業にとって、新兵器を開発した後にそれを実戦で試すことは大きな意味を持っている。その試験地が、必要に応じて戦争（イスラエルの言う「作戦」）をいつでも作りあげることのできるガザ地区とヨルダン川西岸である。そこを支配しているイスラエルは、アメリカにとって大事な〝お得意さん〟なのだ。イスラエル軍が実戦で使用し、その効果を認めた新兵器は、〝お墨付き〟をもらって世界中でせっせと販売される。

もちろん、イスラエルは兵器を輸入しているだけではない。自らも利益最優先で世界中の紛争地（チリのピノチェト政権、アフリカの国々やゲリラ組織など）に兵器を売りさばいている。そしてそこからアルカイダとＩＳにも兵器が流れている（Ｍａｋｏネットニュースマガジン、二〇一四年一一月二〇日）。

新兵器と言えば、日本の敗戦が時間の問題だったのにもかかわらず、アメリカ軍が原子爆弾を広島と長崎に落としたのは「実験」だったのではないかと言われている。この原爆の破壊力と、数十年にわたる被爆による後遺症の深刻な影響を知っていてもなお、原爆の投下は正しかったと考えるアメリカ人は多い。

第二次世界大戦中、極秘のマンハッタン計画で作られた原爆を実際に使用する数週間前、計画に関わっていた科学者たちがこの破壊力に気づき、原爆の使用を避けるようにトルーマン大統領に宛てて請願書を書いた。世に言う「シラード請願書」である。

私たち下記の署名者は謹んで請願する。

第一に、（降伏時に）日本に課される条件が詳細に公表され、日本がこの条件を知ったうえで降伏を拒否しない限り、この戦争においてアメリカ合衆国は核爆弾の使用に訴えてはならないとあなたが最高司令官としての権限によって定めること。

第二に、（第一の条件を満たした際に）核爆弾を使うか否かをあなたが判断するにあたって、本請願書ならびに他のあらゆる道義的責任が示す意見に照らして行うこと。

（「シラード請願書」より一部抜粋）

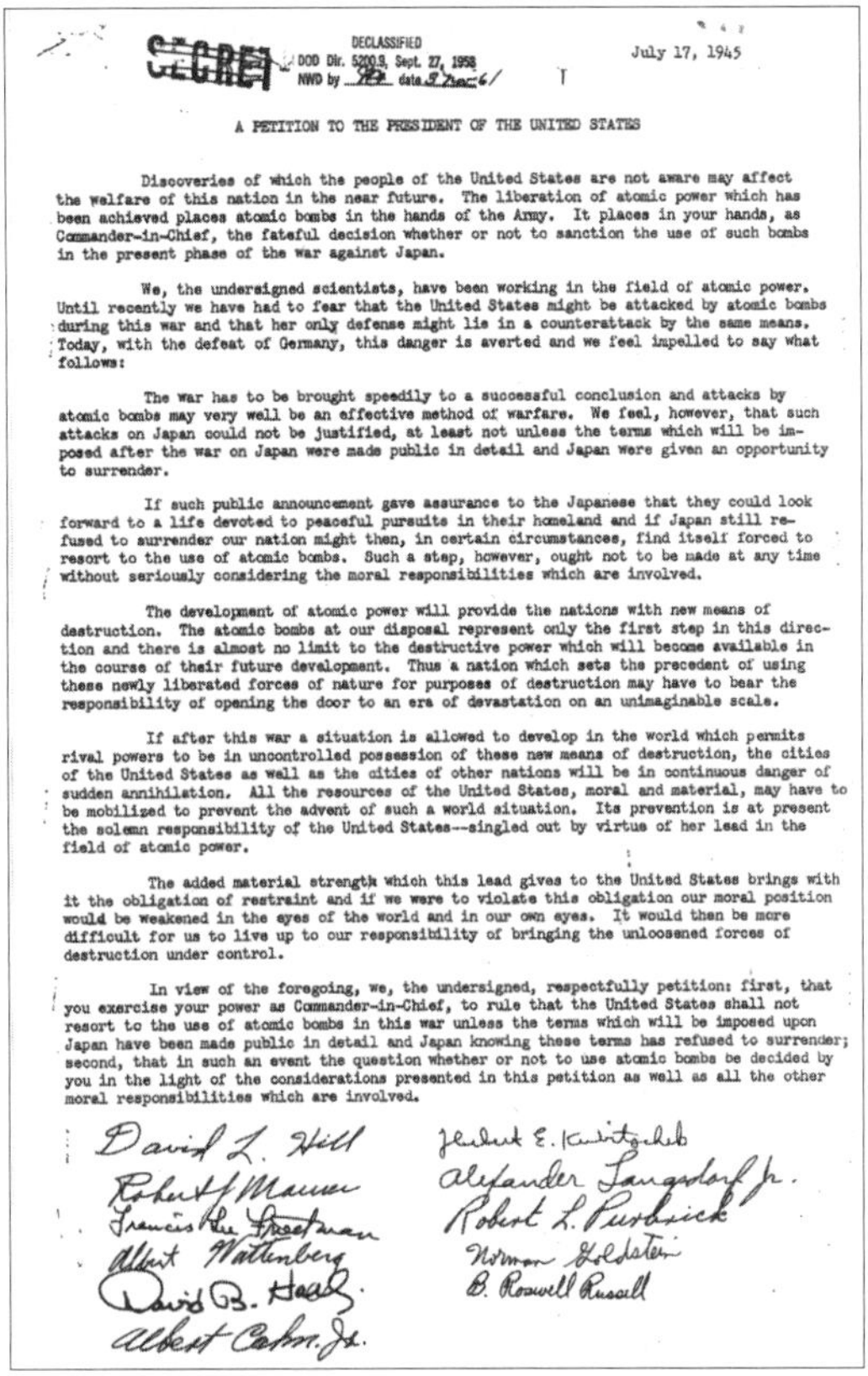

SECRET

DECLASSIFIED
DOD Dir. 5200.9, Sept. 27, 1958
NWD by ___ date ___

July 17, 1945

A PETITION TO THE PRESIDENT OF THE UNITED STATES

Discoveries of which the people of the United States are not aware may affect the welfare of this nation in the near future. The liberation of atomic power which has been achieved places atomic bombs in the hands of the Army. It places in your hands, as Commander-in-Chief, the fateful decision whether or not to sanction the use of such bombs in the present phase of the war against Japan.

We, the undersigned scientists, have been working in the field of atomic power. Until recently we have had to fear that the United States might be attacked by atomic bombs during this war and that her only defense might lie in a counterattack by the same means. Today, with the defeat of Germany, this danger is averted and we feel impelled to say what follows:

The war has to be brought speedily to a successful conclusion and attacks by atomic bombs may very well be an effective method of warfare. We feel, however, that such attacks on Japan could not be justified, at least not unless the terms which will be imposed after the war on Japan were made public in detail and Japan were given an opportunity to surrender.

If such public announcement gave assurance to the Japanese that they could look forward to a life devoted to peaceful pursuits in their homeland and if Japan still refused to surrender our nation might then, in certain circumstances, find itself forced to resort to the use of atomic bombs. Such a step, however, ought not to be made at any time without seriously considering the moral responsibilities which are involved.

The development of atomic power will provide the nations with new means of destruction. The atomic bombs at our disposal represent only the first step in this direction and there is almost no limit to the destructive power which will become available in the course of their future development. Thus a nation which sets the precedent of using these newly liberated forces of nature for purposes of destruction may have to bear the responsibility of opening the door to an era of devastation on an unimaginable scale.

If after this war a situation is allowed to develop in the world which permits rival powers to be in uncontrolled possession of these new means of destruction, the cities of the United States as well as the cities of other nations will be in continuous danger of sudden annihilation. All the resources of the United States, moral and material, may have to be mobilized to prevent the advent of such a world situation. Its prevention is at present the solemn responsibility of the United States--singled out by virtue of her lead in the field of atomic power.

The added material strength which this lead gives to the United States brings with it the obligation of restraint and if we were to violate this obligation our moral position would be weakened in the eyes of the world and in our own eyes. It would then be more difficult for us to live up to our responsibility of bringing the unloosened forces of destruction under control.

In view of the foregoing, we, the undersigned, respectfully petition: first, that you exercise your power as Commander-in-Chief, to rule that the United States shall not resort to the use of atomic bombs in this war unless the terms which will be imposed upon Japan have been made public in detail and Japan knowing these terms has refused to surrender; second, that in such an event the question whether or not to use atomic bombs be decided by you in the light of the considerations presented in this petition as well as all the other moral responsibilities which are involved.

David L. Hill
Herbert E. Kubitschek
Robert J. Maurer
Alexander Langsdorf Jr.
Francis Lee Friedman
Robert L. Purbrick
Albert Wattenberg
Norman Goldstein
David B. Hall
B. Roswell Russell
Albert Cahn, Jr.

シラード請願書（図版提供・Gene Dannen、www.dannen.com）

結局、この請願書はトルーマン大統領の手に渡らなかった。原爆の破壊力より兵器開発を優先させるべき、と主張した軍需産業と軍幹部により隠蔽されたのである。このシラード請願書は、一九六一年まで秘密文書とされていた。

請願書にサインをした七〇人の科学者たちは、自分たちが作った原爆を使用するのはあまりにも残酷すぎると気づいたが、原爆の使用・不使用を決めるのは彼らではなかった。自らが開発または製造した兵器がどれくらいの破壊力を持つのかを知りつつ、それを止めることができない——それが軍需産業に関わるということだ。

ちなみに奇妙な歴史の偶然だが、シラード請願書にサインした二五番目の科学者David L.Hillは後に男の子が生まれ、彼は私のいとこと結婚することになる。

❖兵器をめぐるドイツとイスラエルの関係

イスラエル軍は、ドイツ製の兵器も使用している。ドイツがイスラエルのために造っている六隻の潜水艦中、二〇一五年に五隻目がイスラエル海軍に引き渡された。海外メディアによると、この新型潜水艦は核兵器の搭載が可能だと言われている。ホロコーストで六〇〇万人のユダヤ人を殺したドイツが、数百万人のアラブ人を殺せる兵器をイスラエルに売っているという皮肉な事実。この背景には、ドイツはユダヤ人虐殺の責任を認めて謝罪し、イスラエルに莫大な賠償金を支払い、現在も政治的にイスラエルへの支援と謝罪をし続けている関係がある。

イスラエルのハアレッツ紙（二〇一五年六月二五日付）によると、在ドイツイスラエル大使館のスポークスマンが、「イスラエルとドイツの関係は普通であってはいけない。ドイツにとってイスラエルはただの一つの国であってはいけないのだ」と記者会見で暴露したのである。つまり、イスラエルからすると、ドイツには永遠に謝罪する立場でいてほしいということなのだ。

また、二〇一五年一〇月、エルサレムで「シオニスト会議」が開かれたとき、この会議に出席したイスラエルのネタニヤフ首相の発言は世界を震撼させた。

「一九四一年、当時イギリス統治下にあったエルサレムの、イスラム最高指導者ムフティー（ハーッジ・ムハンマド・アミーン・アル＝フサイニー）はドイツ訪問中ヒトラーに会った。このときヒトラーは、ユダヤ人を虐殺するのではなく、ドイツからユダヤ人を追い出すことを考えていたが、ユダヤ人をドイツ国外に追い出すとパレスチナにやって来るのでは、と恐れたムフティーが、『追い出すのではなく、焼却するのはどうか』とヒトラーに勧めた」（ハアレッツ紙、二〇一五年一〇月二一日付）

ネタニヤフ首相は、ユダヤ人虐殺の責任はドイツやヒトラーにあるのではなく、イスラム指導者にある、と言ったのだ。この会議の翌日、ネタニヤフ首相はドイツを訪問し、メルケル首相と会談した。そこでメルケル首相は再び、ホロコーストの責任は全面的にドイツ側にあると謝罪し、ネタニヤフ首相の前日の発言を否定したのだ。

このネタニヤフ首相のシオニスト会議での発言には、二つの意味がある。

一つ目は、イスラム教徒をさらに貶《おとし》め、イスラエル国内の右派を喜ばせること。

二つ目は、ドイツに行く前日というタイミングで、このような発言をすることで、常にドイツに負い目を負わせるという政治的効果――イスラエルがドイツとの交渉において常に優位に立つことを狙った、ということだ。在ドイツイスラエル大使館のスポークスマンが言ったように。

❖ベルリンに〝帰る〟ユダヤ人たち

先に述べたように、イスラエルでは、平和交渉ではなく、武力によって国の安全を約束している右派政権の下、国の予算の二割が防衛費に使われている。教育や福祉などの社会保障費を削って財源に充てている。その結果、子どもの三人に一人が貧困層となり、マイホームを持つのは夢のまた夢という厳しい現実となっている。

実は、こうした経済状況が続くイスラエルで生きることをあきらめ、外国へ移住または移住の準備を始める人が増えている。イスラエルは二重国籍を認めているうえに、ヨーロッパから移住してきた祖父母の子孫は、祖父母の「祖国」の国籍を取得する権利を持っている。二〇～三〇年前まではイスラエルから国外に移住するのは「裏切り行為」と見られていたが、今では国外移住のハードルは相当低くなっている。私の知人や親戚もEU加盟国の国籍を取得した人は大勢いて、理由を尋ねるとごまかす人もいるが、「いざとなったら移住できるように」とはっきり言う人もいる。

驚くべきことに、ヨーロッパの移住先一番人気はドイツのベルリンだ。私の祖父母のようにホロコーストの前にイスラエルに移住した人たち、またはホロコーストを奇跡的に逃れ、イスラエルに移住した人たちの孫、ひ孫の世代があのナチスの本拠地・ベルリンに〝帰る〟という。現在、ベルリンに滞在しているイスラエル人は一万～二万五〇〇〇人とも言われ、四万人という見方もある。

さて、日本もまた、イスラエル同様、防衛費は増え続け、兵器輸出を経済戦略の柱に立てている。国民の経済格差は広がる一方であるが、二重国籍を認めているイスラエルと違って、日本人が外国国籍を取得するのは難しい。いざとなったら行くところがないのが現実である。

戦争という手段を絶対に放棄しないイスラエル人

「国のために死ぬのはすばらしい」という言葉を聞いて育った私たちだが、いったいこの世の中に、自分の命と引き換えに死を選ぶすばらしい理由があるのだろうか。国のために命を捧げることを賛美するイスラエル人が多いのだが、自爆テロを起こすアラブ人を理解しようとはしない。なぜなら、「私たちが死ぬのには真の理由があるが、彼らの死の理由は単にイスラエル人を殺すものだから」。断っておくが、私は自爆テロ行為を肯定するつもりも許すつもりもない。イスラエルが盛んに教育してきた「国のため」という発想は、パレスチナ側にも当然、同様に存在すると言いたいのだ。

この「国のために死ぬのはすばらしい」が〝国是〟となってしまったイスラエルの核兵器保有について考えてみたい。現在、イスラエルは核の保有を認めていない。政治家は核については正式に発言をしたことはないのだ。国民もまた、国が核を保有することは当然のことだと思っている。

イスラエル国民が核兵器保有を容認しているのは、近隣諸国の〝野蛮〟なリーダーたちと違って、イスラエルの政府は冷静で合理的な判断ができるという考えに基づいている。しかし、広島と長崎の経験を考えると、どんな理由であれ、核の使用及び保有を拒絶するべきだ。そのことを、私のヘブライ語ブログで書くと、次のようなコメントが付いた。

「イスラエルの核保有は抑止力のため。イスラエルが実際に核を使うことは考えられない」

しかし、外国メディアによると第四次中東戦争の開戦二、三日後、イスラエルは核に頼ることも視野に入れていたという（六二ページ参照）。第三次中東戦争（六日戦争）の〝大勝利〟の経験から、イスラエル軍の当初の予測は数日間のうちに片付けられるというものだった。しかし予想に反して、エジプト軍とシリア軍は一気に国境を越え、防戦に追われたイスラエル国防軍は数日で約一〇〇〇人という死者を出した。開戦当初の不利な戦況が、あと一歩で核を使うかというところまでイスラエルを追い詰めたのだ。

現在のイスラエル空軍の公式発表によると、次の戦争ではイスラエル最大都市のテルアビブに数千〜数万発のミサイルが打ち込まれる可能性があり、死者の数も今までと比較にならないという（イスラエル空軍ＨＰ、二〇一四年三月一二日発表）。では、テルアビブで五〇〇〇人、一万人、五万人の死者が出て、市民生活に大きな影響が出た場合、イスラエルのリーダーは核を使わないと約束できるのだろうか。

私と一緒に、埼玉県東松山市にある「原爆の図丸木美術館」を訪れたイスラエル人女性は、展示を見終わった後に次のように感想を述べた。

「この展示を見れば、あなたが核兵器に反対している理由がよくわかる。でも、イスラエルの状況は日本とは異なる。イスラエルは周囲を敵国に囲まれているから、どうしようもない場合は核兵器に頼らざるをえない」(↑最近の中国や北朝鮮に関するテレビニュースで危機感を募らせている日本人は共感できるかもしれない)

この感想を聞いて、私は「核兵器を使うことによってイスラエルが勝利して、平和で安全な国になると思うの?」と尋ねた。

「当然、そのときにはイスラエルという国も終わる」

と、彼女は答えた。このような考え方をするイスラエル人は彼女一人ではなく大勢いる。私の考えをイスラエルにいる人びとに話すと、決まって返ってくるのは、「平和をもたらすことはどれだけ複雑なことか、あなたは理解していない」「私たちはいつでも次の戦争のための準備をしながら生きてきた。次の戦争もまた避けられない必須の戦争だ、アラブ人が変わらない限り」という言葉だ。逆を言うと、「戦争による解決は単純で話が早い」と言っているのだ。

平和主義を貫いたイギリスの政治家である、アーサー・ポンソンビー（一八七一～一九四六年）は、第一次世界大戦において、政府が国民の愛国心を煽り、志願兵を集めるために行ったプロパガンダを分析して、「戦争プロパガンダ一〇の法則」をまとめた。

(1) 我々は戦争をしたくない。
(2) しかし、敵側が一方的に戦争を望んだ。
(3) 敵の指導者は悪魔のような人間だ。
(4) 我々は領土や覇権のためではなく、偉大な使命のために戦う。
(5) 我々も誤って犠牲を出すことがある。だが、敵はわざと残虐行為におよんでいる。
(6) 敵は卑劣な戦略や兵器を用いている。
(7) 我々の受けた被害は小さく、敵に与えた被害は甚大。

(8) 芸術家や知識人もこの戦いを支持している。
(9) 我々の大義は神聖なものである。
(10) この正義に疑問を投げかける者は裏切り者である。

イスラエルで育った私からすると、すべての項目にうなずける。二〇〇八年末のガザへの攻撃の時、ポンソンビーの「法則」をたくさんのイスラエルの友人に送ったが、彼らの反応は、「わかるけど、私たちの場合、事情が違うよ。私たちの敵の指導者は本当に悪魔のような人間だから……」というものだった。

やはり大勢のイスラエル人は、戦争によって中東問題を解決するのが不可能だと気づくことはできなかった。私たちの先生は第三次、第四次中東戦争が始まった経緯については詳しく教えてくれたが、次の戦争を防ぐ方法は教えてくれなかった。そして当然、次の戦争がやってくる。

戦争中の殺し合いが対立の解決方法だと認めると、戦時下以外でもこの方法を正当化することにつながる。本書の初めに、アドルフ・アイヒマンのイスラエルでの裁判と死刑について書いた。イスラエルではその後、裁判を通して死刑執行した例がないのは確かだ。

しかし、イスラエルは裁判なしで数千人のパレスチナ人を殺している。そのうちの大部分は戦争（国際法が戦争での殺し合いを認めているのは大きな疑問だが）によるものだが、イスラエルの占領に反対するデモに参加するパレスチナ人をゴム弾などで殺したり、指名手配リストのパレスチナ人を「テロリスト」と決め付けて暗殺したり、「不審な」「怪しい」と思ったパレスチナ人の家に深夜突入して射殺したりというような〝殺し〟を行っている。

これらはまさに〝殺人〟であるが、小さい頃からの教育によって、私たちイスラエル人はパレスチナ人に対する加害責任を一切考えられなくなっているし、〝殺し〟に馴れてしまったように思う。

また、大きな戦争が終わると、政府やメディアは当然のように自国の勝利を宣言し、犠牲となった人びとがいかに素晴らしい人だったかと褒め称え、映画のように脚色し、国のために戦って亡くなったのだと印象づける。

戦争が終わった後の官民挙げての「切り替わり」は、福島原発事故後の日本の様子に重なって見える。「事故それ自体は大変だったが、それを乗り越えた日本の原発」という、再稼働を許してしまう雰囲気に似ているのだ。このような「切り替わり」は将来に対しても禍根を残す。困難を極めたり、危機に瀕したりという事態を反省につなげないことに

『世界の人びとに聞いた 100 通りの平和　中東編』（伊勢崎賢治・監修、かもがわ出版）

よって、また同じ失敗を繰り返すことになるのだ。

こんなイスラエルジョークもある（筆者注――筆者のインタビュー記事「『平和』がくると困る事情」が収録された『一〇〇通りの平和』〈かもがわ出版、二〇一五年〉から引用した）。

神様の前でアメリカ大統領、エジプト大統領、イスラエル首相が一つだけ質問することを許される。

アメリカ大統領「いつアメリカで犯罪がなくなりますか？」

神様「五〇年かかります」

アメリカ大統領「私の任期内ではない」（と泣き出す）

エジプト大統領「いつエジプトの農民は裕福になりますか」

神様「一〇〇年かかるね」

エジプト大統領も泣き出してしまう。

イスラエル首相「中東はいつ平和になるのですか」

神様「私の任期内ではない」（と泣き出す）

中東和平は神様でも絶望するくらい不可能なことだと思い込んでいた子どもの頃、こんなジョークを飛ばしあって、皮肉な笑いにふけったものだ。しかし、実はこのジョークは私たちそのものだったのかもしれない。平和を望んでいるのはイスラエル側だけだと、私たちは信じていた。そして――

平和を望むと言いながら、日に日に膨らむ防衛費。

平和を望むと言いながら、兵器開発に酔っているイスラエル。

差別意識はどこから生まれるのか

第I部で述べたように、イスラエルのユダヤ人同士でも出身地域によって差別は存在するが、「私たちは他の民族よりも優れている」という選民思想は、国内と近隣諸国のアラブ人を差別することで、私たちイスラエル人に知らず知らずのうちに身についてしまっている。

そのことに気がつかされたのは、一九九五年夏、かほるの母も一緒にイスラエルを訪問したときのことだった。彼女は私に、「なぜアラブ人の村はイスラエル人の村と違ってこんなに混み合っていて、生活レベルが低く、汚らしいの？」と尋ねた。私の口からは自然に「アラブ人だから」という言葉が出た。このとき、初めておかしさに気づいた。

イスラエル国籍を持つアラブ人とユダヤ人はわずかの例外以外、同じ地域には居住していないし、子どもたちもそれぞれ別の学校に通っている。教育のカリキュラムも異なって

『ZOO ARETZ ZOO』から転載　© DUDU GEVA

いる。アラブ人は軍隊に入隊せず、職場もイスラエル人とアラブ人が机を並べるケースはほとんどない。したがって、同じ国に住みながら、小さい頃から交流する機会が極めて少ないのだ。イスラエル人とアラブ人の結婚はニュースになるほど珍しい。

このような環境では、お互いを知るのは困難であり、偏見だけが膨らんでしまうのは当然だ。私が少年時代に読んだ子ども向けの本には、アラブ人を悪く見せる、アラブ人は常に戦争を望んでいると思わせるようなものが多かった。イスラエルで一九七五年に出版された本『ZOO ARETZ ZOO（これは動物園みたいな国）』は、イスラエルの様々な新聞や雑誌をパロディにした本だ。この本には、イスラエルの児童書を皮肉った次のようなシーンがある。

《エジプト軍の参謀総長が下卑た調子で、「今度こそイスラエル人に見せつけてやるぞ！　我々アラブ人がいつもやっているようにユダヤ人の背中にナイフを突き刺してくれるわ！」。参謀総長は猿のように毛むくじゃらの手で受話器を取って兵士に電話をかける。》

子ども同士の会話でも、アラブ諸国の空軍の話が飛び出すと、私たちは笑い出した。「え？　アラブ人が戦闘機を飛ばせるなんてそれは面白い冗談だ！」。私たちにとって、アラブ人ができる仕事は、ユダヤ人のため働くウエイター、皿洗い、ラクダ使い……その程度の認識だった。

二〇一〇年にテルアビブ大学で行われた市民権教育シンポジウムで、興味深い調査結果が発表された。イスラエルの若者の五〇パーセントが、国内のアラブ人にはイスラエル人同様の権利を与える必要はなく、五六パーセントが、アラブ人には国会議員選挙での被選挙権を与える必要がないと考えているというものだった。

また別の調査によると、イスラエルの若者の五〇パーセントは、アラブ人と同じ教室で勉強するのは嫌だと考えていることがわかった。このことは、イスラエル社会で長年にわたって醸成されてきたアラブ人に対する差別感情がしっかりと根付いていることを証明している。

しかし今では、差別の対象はアラブ人だけでは済まなくなっている。

第一次インティファーダ〈註〉が起きるまで、イスラエル人が嫌がる重労働・低賃金の仕事

（主に土木関係）は、アラブ人が担ってきた。ところが、第一次インティファーダが始まって、イスラエルがヨルダン川西岸地区のアラブ人の入国を厳しく制限したために、代わりの労働者が必要になった。主に雇われたのは、タイ人、フィリピン人、ネパール人、ルーマニア人だった。これら外国人労働者に対するイスラエル人の発言はおぞましいものがある。

数年前、私がイスラエルへ行った時に行われたミニ同窓会での、ある同級生同士の会話。

「仕事は何をしているの？」

「酪農だよ」

「それじゃあ毎朝五時起き？」

「まさか。うちにタイ人がいるのはそのためだよ」

これがごく普通の世間話なのだ。〝優れた民族である〟私たちの代わりに、別の民族が重労働を担うべきだと考える人も当然出てくる。彼らの言い分はこうだ。「私たちの代わりの仕事をしている人たちはその仕事によって生かされているのだから、彼らも助かっているではないか」と。

私が、その考え方はまるで南アフリカのアパルトヘイトのようだと批判すると、「よくもアパルトヘイトに喩《たと》えたな！」と猛反発される。しかし、私はこれからも喩え続ける！

〈註〉アラビア語で「振り落とす」という意味で、「蜂起」「反乱」の意味で使用される。イスラエルによるパレスチナ軍事占領に対する民衆蜂起の呼称として一般的に使用される。第一次インティファーダは一九八七年に始まり、オスロ合意〈一八八ページ参照〉によりパレスチナ自治政府が設立された九三年頃まで続いた。

〝国是〟となった「世界の誰一人として私たちを批判する権利はない」

二〇〇〇年前、ローマ軍によってイスラエルの地から追い出されたユダヤ人は、長年そこへ戻る夢を見続けてきた。一九世紀後半にシオニズム運動が始まり、さらに第二次世界大戦のホロコーストでそれが決定的なものとなった。しかし、シオニズムによってアラブ人との間に起きた問題は無視され、それが現在まで「パレスチナ問題」として続いている。

では、独立にあたってイスラエルはどうすればよかったのか。三つの事柄が考えられる。①家を失った人への金銭的な補償、②彼らの生活基盤を保証する、そして何より、③アラブ人との共存を前提に考える。イスラエル政府がこの三つに真正面から取り組んだことは一度としてない。国土を飛躍的に拡げた第三次中東戦争の〝大勝利〟を見た哲学者のレイボヴィッツの予言（六八ページ参照）はみごとに当たったが、イスラエル政府も国民も、彼の主張を一切無視してきた。

一九四八年五月一五日は宗主国のイギリスが委任統治を終了すると宣言した日で、イスラエルの独立記念日として国中で祝われる（筆者注――イスラエルの祝日はユダヤ暦によって祝うので西暦では毎年多少ずれる）。

しかし、アラブ人にとってこの日は「ナクバ」と呼ばれる日で、自分たちの自由と土地を失った日だ。ナクバとはアラビア語で「大災厄」を意味する。二〇〇九年にイスラエル国会で「ナクバ法案」が提出された。この法案は、国をあげて祝うべき独立記念日に、ナクバに関係する「悲しむ」行事をしてはいけないというものだ。人権保護団体の反対に遭い、法案はこのときには成立しなかったが、二〇一一年に修正が加えられて成立してしまった。これによって、ナクバ関係の行事を行う団体に対するイスラエルからの支援金が削られることになった。このような法律が成立するところに、イスラエルの、自分たちのしたことで生じた他民族への影響を省みない態度がよく表れている。

イスラエルの人びとが、自分たちの加害行為の責任を取ろうとしないのは、そもそも旧約聖書にその正当化の理由があるからかもしれない。旧約聖書の創世記には、神がアブラハムにイスラエルの地を約束すると書かれている。この約束により、アブラハムは生まれ故郷である現在のイラクを離れ、民を引き連れてイスラエルに移住した。ところが、この神の約束にはイスラエルの地に元々いた人々のことは触れていないのだ。この約束はユダヤ人にとっては疑う余地のない〝歴史的事実〟かもしれないが、旧約聖書を信じない人びとからは理不尽で無責任なものだろう。

イスラエルは建国以来、パレスチナ国家が誕生しないように、ユダヤ人の入植を国策としてきた。現在は、ヨルダン川西岸地区へのユダヤ人入植を推し進めて、国土拡大を〝既成事実〟化しようとしている。この〝既成事実〟の一つは「人口」。ヨルダン川西岸地区内のユダヤ人入植者の数は二〇一六年現在約五〇万人。これだけでもすごい数だが、それがますます増えて一〇〇万人になったらどうか。仮に、ヨルダン川西岸地区にパレスチナ国家が設立され、ユダヤ人入植者をイスラエルに帰還させることになったとしても、入植者が一〇〇万人もいては、イスラエルへの「帰還」は不可能だろう。人口八五〇万人のイスラエルにとって、一〇〇万人という数字は大きすぎるのだ。つまり、入植者人口をとにかく増やすことで、パレスチナ国家設立を阻止しようとしているのだ。

〝既成事実〟二つ目は「時間」。イスラエルがヨルダン川西岸地区に入植地を造り始めたのは一九六七年以降のことだった。つまり、現在四九歳以下のイスラエル人にとっては、そこは生まれた時からイスラエルの「領土」であったという意識が浸透している。イスラ

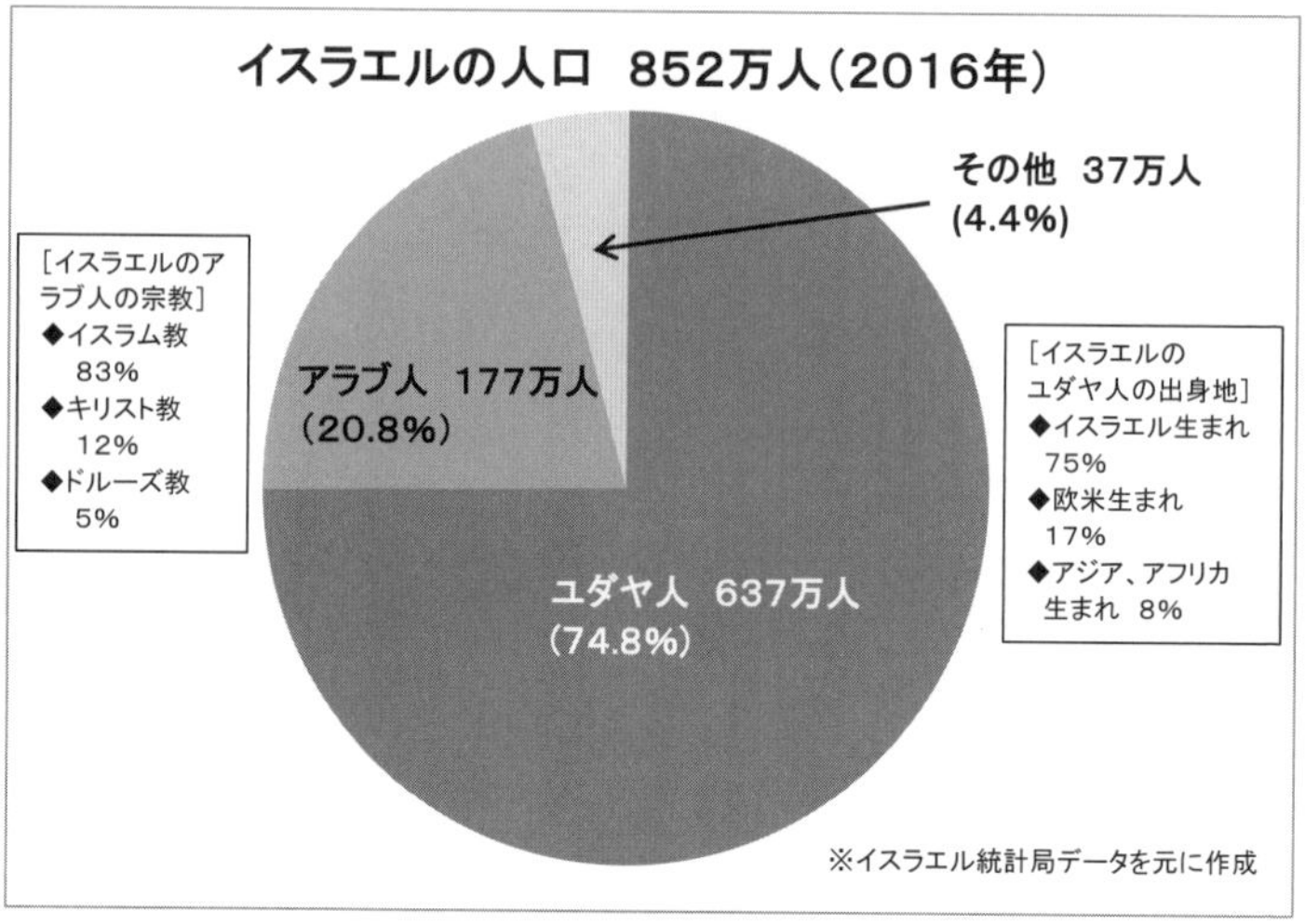

エル政府としてはこのままあと三〇年、時間を稼ぐことができれば、国中の人びとが「生まれた日からヨルダン川西岸地区はイスラエルのもの」という意識を持つ計算だ。

ヨルダン川西岸地区への入植者がますます増えるのには理由がある。イスラエル政府からの補助で、国内に家を建てるより入植地に家を建てる方がはるかに安く済むのだ。また、バスなどの公共交通料金も入植地の方が安く設定されている。入植者のほとんどを占める右派層やユダヤ教信者は、そもそもヨルダン川西岸地区を元からイスラエルの土地と信じているため、パレスチナ人の権利を一切無視して入植していく。彼ら以外にも、パレスチナ人の土地が奪われてしまうことを知りながら、この安さの魅力に負けて入植する者もいる。

国際法から見ても、占領地での入植は禁じられている。一九四九年に締結された戦争犠牲者の保護強化のための条約（第四条約中の第四九条第六項）には、以下のことが書いてある。《占領国は、その占領している地域へ自国の文民の一部を追放し、又は移送してはならない。》

ユダヤ人はローマ軍によってイスラエルを追われてから二〇〇〇年間、自分たちの国を再建する希望を失わなかった。その一方で、パレスチナ人が国家を建設する希望を簡単に押さえつけてしまう。ホロコーストを経験してもなお希望を捨てずにいたユダヤ人が、別の民族の希望には理解を示さない。このことは私から見て非常に不思議なことだ。私は、イスラエルが現在進めている、一方的な入植には断固反対であり、パレスチナ国家設立、中東和平実現を一日も早く進めなければならないと考えている。しかし、この第三者から見れば誰でも思いつく解決策に対しては、あの言葉が大きな壁として立ち上がるのだ。

「世界の誰一人として私たちを批判する権利はない」と。

「ユダヤ人は頭が良い」は本当か？

自己紹介でイスラエル生まれのイスラエル育ちと説明すると、意外にもイスラエルがどこにあるか知らない日本人が多い。イスラエル、イラン、イラク……、いずれも「イ」で始まる、「中東のどこか」の遠い国である。来日当時二二歳だった私は、このことにとてもビックリしたのを覚えている。イスラエルを知らない？　世界でもっとも大切な国であるイスラエルを？——子どものころは本当にそう信じていた。しかし、私が関心のない国々の場所を特定できないのと同じように、イスラエルの位置がわからない人がいるのも当然だと学んだ。

一方、イスラエルのことを知らない日本人から時折、「ユダヤ人は頭が良い」という言葉を聞く。この発言を聞くたび、多くのイスラエル人は、ユダヤ人であることを誇りに思う。多くのイスラエル人は、イスラエルと近隣アラブ諸国との違いを説明する際、「私たちユダヤ人は頭が良い民族だよ」と言う。私もその一人だった。

確かに、ノーベル賞受賞を一つの目安とすれば、世界人口のわずか〇・二パーセントのユダヤ人がノーベル賞受賞者の二〇パーセント以上を占めている。もっと具体的な数で言えば、二〇一三年までにノーベル賞を受賞した八五〇人中、一九三人がユダヤ人である。イスラエル国外に住んでいるユダヤ人を「裏切り者」と見ているイスラエル人は多いが、国外にいるユダヤ人がノーベル賞を受賞すると、たちまち「裏切り者」から誇りの対象に昇格するのだ。

しかし、本当にユダヤ人は頭が良いのか？　現在、イスラエルには六〇〇万人以上のユダヤ人が住んでいる。六〇〇万人の〝頭の良い人〟がいるのに、独立以来七〇年近く戦争を止める方法を見つけられないことは、私にとっては大きな疑問だ。イスラエル人に尋ねると、間髪入れずに、「相手は戦争を好むアラブ人なので仕方がない」という答えが返ってくる。

ノーベル平和賞を受賞したイスラエルの政治家もいる。イスラエル首相イツハク・ラビン（任期：一九九二年七月一三日～九五年一一月四日）である。このときは、パレスチナのアラファトPLO（パレスチナ解放機構）議長、イスラエルのペレス外相とともに、一九九三年の「オスロ合意と平和のための尽力」の功績により受賞した。

このオスロ合意のポイントは二つある。
一、イスラエルを国家として、ＰＬＯをパレスチナの自治政府として相互に承認する。
二、イスラエルは、占領した地域から暫定的に撤退し、五年間の自治政府による自治を認める。その五年の間に今後の詳細を協議する。
ちなみに、ラビン首相は、第三次中東戦争（六日戦争）の時の、イスラエル国防軍の参謀総長である。その彼が軍事力ではなく、外交交渉を選択したことを考えると、イスラエルとパレスチナがもっとも平和合意に近づいた時期だった。しかし、この期待は一年足らずで消えた。

一九九五年一一月四日。テルアビブで行われた平和のための大集会で平和への夢を語ったラビン首相は、この集会の終わり、オスロ合意に反対していたイスラエル人の若者によって暗殺された。三発の銃弾が中東の平和への希望を打ち砕いた。

「ラビン暗殺　イスラエルが泣いている」

これが、事件翌日の新聞の見出しだった。

この集会には、私の兄と妹二人もそれぞれの家族とともに参加していた。集会からの帰宅途中、カーラジオで首相暗殺のニュースが流れ、彼らは家に着くまで涙が止まらなかったそうだ。

オスロ合意は、ラビン首相にノーベル平和賞をもたらしたと同時に、一九八七年から続いていた第一次インティファーダ（アラブ人の占領抵抗運動、一八〇ページ〈註〉参照）の終焉にもつながったが、皮肉にも首相暗殺の引き金になってしまった。この第一次インティファーダの真っ只中、イスラエルの歌手ヌリット・ガルロンが、パレスチナ人の苦しみを見て見ぬふりして遊びに夢中になっているイスラエル人を批判する曲を作った。この曲は、当時イスラエル国防軍のラジオ放送では放送禁止となっていた。以下に歌詞を抜粋する。

もうすぐ大洪水が来るから

投石と火炎瓶の国がある
クラブと淫乱行為で燃えているテルアビブもある
反対運動をしながら怪我の治療をしている国もある
祝い、食べ、飲み、ハッピーなテルアビブがある

ダメ！　目をえぐられた女の子のことを話さないで
気持ちが悪くなるだけだから

悲しく反省している人はもうたくさん
ヨルダン川西岸の状態を知りたくない
〝黄色い時間〟、拘束者、反乱者について何も言わないで
愛しあい、人生を楽しもう
テルアビブこそ人生だ！

ダメ！　家を失った女の子のことを話さないで
気持ちが悪くなるだけだから
悲しく反省している人はもうたくさん
人であふれるテルアビブの道を満喫しよう

ダメ！　少女期をなくした女の子のことを話さないで
気持ちが悪くなるだけだから

そっちにあるテルアビブを楽しもう
もうすぐ大洪水が来るから　（後略）

（筆者注――「黄色い時間」とは作家の David Grosman の本のタイトルで、ヨルダン川西岸の混沌を表す表現となっている。）

著者の自宅のピアノで「運命と絆」を弾くウォン・ウィンツァン氏

ラビン首相暗殺については、余談がある。
NHKスペシャル「家族の肖像　激動を生きぬく」（全一一回）の第一〇回「平和への遺言――中東・ラビン家の人々」が放送された（一九九八年三月一日）。この番組のテーマ曲「運命と絆」を作曲したのはピアニストのウォン・ウィンツァン（Wong Wingtsan）で、私は脱原発活動を通して彼と知り合い、脱原発トークセッションも一緒にした。

二〇一三年九月二八日、ピアノコンサートとトークからなる「原発とめよう秩父人」主催のイベント「Atomic Talk Session」に出演してくれた彼は、イベント後に我が家に来て、娘たちが愛用していたピアノで「運命と絆」を弾いてくれた。私たちは演奏が終わっても涙が止まらなかった。

読まれなかった同窓会へのメッセージ

二〇一五年にイスラエルで高校時代の同窓会が開かれた。参加できないなら、皆の前で読むからメッセージを送れと、幹事から依頼された。ただし、「政治のことには触れないでね」と釘を刺された……。私は、「政治のことを抜きには書けないよ」と返事をすると、それ以降、幹事と私の間で熱のこもったメールのやりとりが続いた。

私が強くこだわったのには理由があって、その数カ月前のイスラエル総選挙の結果、右派政党リクードは連立政権を組むために、反アラブ発言を公然とするような極右政治家の二人を文部大臣や法務大臣に任命したからだ。

この二人の極右政治家の発言は次の通り。

◉文部大臣に就任したベネットは、二〇一三年当時、経済大臣として、「私はたくさんのアラブ人を殺しました。アラブ人を殺すのは何の問題もない」と発言した。

◉法務大臣のシャケッドは、二〇一四年のガザ攻撃中、国会議員として「パレスチナ人はすべて殺されるべきだ。彼らの家々も破壊されるべきだ。そしてすべてのパレスチナの母たちも殺されるべきだ」と発言した。

同級生たちも私と同じく左派的考えの人が多いのだが、選挙の時期だけひとしきり騒ぎ、終わると他人事のようにあきらめムードになるのが常だった。彼らからも、「同窓会ではただ楽しくしよう」というメールが次々届いたが、私はどうしても納得できなかった。結局、同窓会の数日前に以下のメッセージを送った。

皆さんこんばんは。ダニーです。あの「Rupin高校」の素晴らしき日々から一万四六一〇日の歳月が私の、そしてここに参加している全員の前を流れました。簡単に言えば四〇年の歳月が……。あなたたち同様、私もあの時の様々なエピソードを思い出します。笑えるエピソード、泣けるエピソード、スリル満点のエピソード……。私たち一人ひとりの現在を作りあげた青春の数々の出来事。

しかし、ここにいるみなさんと違って、私は今、イスラエルから「三三年」と「九〇〇〇キロ」も離れています。高校時代のどのエピソードを話そうとしても、今晩ここに集まっているどの人よりも上手くは話せません。ですから、私は現在住んでいるこの場所、東京から八〇キロ離れた小さな村よりメッセージを書きます。

イスラエルから見て謎の多い日本での滞在三三年。普段は全て時間通り、予定通り動いている日本。青信号に変わってすぐ発車しなくてもクラクションを鳴らさない日本。しかし、福島原発事故も起きる日本。放射能の影響がこれから長く続く福島原発事故。このような世界に生きつつ、イスラエルで開かれる同窓会で何を言って良いのか悪いのか迷いながら、私からメッセージを送ります。

高校卒業から四〇年が経ち、私たちは五八歳になりました。私たちの子どももう大人で、孫のいる人もたくさんいます。この嬉しい日、昔話を思い出しながら笑ったり、泣いたり、ハグしたり……。そのためにも、私たちは自分の子どもと孫だけでなく、すべての子どもと孫のために大きな声で叫びましょう。

「私たちは戦争と差別にはいい加減にうんざりだ、もういらない！　平和の希望を持てる国、人権を認めあう国、誇りを持てる国を私たちの子孫に残そう」と。

私はイスラエルに住んでいませんが、日本でも正しいと信じる活動を行っています。この活動を見てみたい人はぜひ、日本の私のところに遊びに来てください。ぜひ、うちに泊まっていってください。では幸せな同窓会を！

ダニーより

ひどく驚いたことに、そして残念なことに、この同窓会で私のメッセージが読まれることはなかった。「あまりにノスタルジックな雰囲気の中、みんなお互いに会うのが懐かしく、日本からのメッセージを読む時間はとても取れなかった」。幹事はそう言った。これが現在のイスラエルだ。つまり、周囲の綺麗なものに目がくらみ、悪いものを考える余裕がないのだ。この幹事とのやり取りは以前にもあった。

「あなたの孫も一八歳になったら国を守るために入隊をしなければならないと思う？」

彼は当然のことのように答えた。

「もちろん。ここは中東なのだから」

このような答えの裏には、次の戦争で命を落とすのは自分の孫ではなく、他人の孫になるだろう、という根拠のない期待と安心感がある。万が一にも、次の戦争で亡くなるのが自分の子・孫かもしれないと意識できれば、次の戦争を防ぐためにあらゆる努力をするだろう。残念ながら、今のイスラエルでそのような意識ですら、持てる人はごくわずかしかいない。

「帰還不能点」に気づこう

私の父方の祖父はポーランドのオシフィエンチムという小さな町で生まれた。私が講演するとき、オシフィエンチムという名前を挙げると、その名を知る日本人はほとんどいない。しかし、この町が第二次世界大戦でドイツに占領されるとドイツ語式にアウシュビッツと呼ばれるようになったと話すと、多くの人が頭を縦に振って頷いてくれる。運良く祖父は自分の町が〝死の工場〟となる前にイスラエルに移住した。

二〇一一年の夏、家族でポーランドを訪れ、アウシュビッツ・ビルケナウ絶滅収容所へも足を伸ばした。収容所跡をガイド付きで三時間、家族だけでさらに一時間かけて見て回った。そこで出合ったいくつもの「帰還不能点」について考えてみたい。

一つ目の「帰還不能点」は貨車。ヨーロッパ中からユダヤ人たちは、このような貨車に何十人と押し込まれて、時に一週間以上水も食料もなく、当然トイレもない状況でアウ

ユダヤ人をアウシュビッツ・ビルケナウ絶滅収容所へ運ぶために使用された貨車

シュビッツに連れて来られた。

二つ目は収容所の門。ドイツ語で「働けば自由になれる（ARBEIT MACHT FREI）」と書かれたこの門をくぐったユダヤ人は、この門から生きて出ることはなかった。

三つ目はガス室と遺体焼却炉である。収容所の門をくぐったときに、すでに亡くなっていた人もいたし、到着直後に選別され、そのままガス室に送られた人、または奴隷さながらの労働をしながら人間としての尊厳を失い、数日、数週間、長くても三カ月でガス室に送られた人にとっても、ガス室と遺体焼却炉は文字通り「帰還不能点」だった。

私のヘブライ語ブログへの「帰還不能点」の投稿は、収容所のトイレを見ながら思いついた。私が見たトイレは本当にショッキングなものだった。長いコンクリート管に丸い穴が開いていて、流す水も、トイレットペーパーも、手を洗う水もなかった。トイレ一棟につき五八穴、それが三棟しかなかった。数千人の収容者に対してあまりに少なすぎる。毎朝五時に棒でたたき起こされ、六時までに自分の寝場所の整理をし、奪い合うようにしてトイレも済ませなければならなかった。そして六時には収容棟の前に整列させられ、時には数時間に及ぶ点呼を行った。その最中に倒れてしまった人は即、撃たれるか、ガス室に送られた。

アウシュビッツ・ビルケナウ絶滅収容所跡に残るユダヤ人たちが使ったトイレ

一九四〇〜四五年の間にアウシュビッツを直接管理していた人はのべにして七〇〇〇人。別の収容所の管理、貨車による輸送の管理、ナチスが絶滅を図った集団（ユダヤ人、ロマ、政治犯、障がい者、同性愛者など）を探し出す人、軍のトップの人たち、命令に従った兵士、その他あらゆる形でナチスに関わった人たちをあわせると、おそらく数万、数十万に上ったはずだ。

私はビルケナウ絶滅収容所のトイレを見ながら、そういった大勢の人々はなぜ声もあげずにリーダーに従ったのかと疑問に感じた。考え続けるなかで思い至ったのが、「帰還不能点」である。この「帰還不能点」は収容所で感じた、具体的な「帰還不能点」ではなく、目には見えない、小さく連なった点である。

ナチスの内部から非を問う声が上がらなかったのはなぜか。朝のトイレに間に合わずに通路で漏らしてしまい、それを多くの人々が踏み潰すような、尊厳を剥奪された光景を毎朝のように目にしたドイツ兵。整列時に怯える人々を鬼の形相で虐《しいた》げたドイツ兵。彼らはいつの時点で非人間的な行為を躊躇なく行えるようになったのだろうか。彼らには声をあげる機会、疑問を投げかける機会はいくらでもあったのだろうが、残念ながら彼らはそれら全ての「帰還不能点」を見逃して、通過してしまったとしか思えない。

この「帰還不能点」は大きな変わり目ではなく、小さな点の連なりだった。しかし、見て見ぬ振りをしたり、忠告する人を無視したり、気づいてもさほど重大なこととは捉えなかったりしがちだ。例えば、今のイスラエルでは日常の風景となってしまったヨルダン川西岸にイスラエルが設けている検問所で、一九歳のイスラエル兵が、長い列を作るパレスチナ人の車の通行の可否を決めている。病人が乗っていようと、妊婦が乗っていようとお構いなしである。その光景を横目に、ノーチェックで通り過ぎるイスラエル人たち。これも「帰還不能点」の一つといえるだろう。こういった「帰還不能点」に馴れていくと、さらに大きくなった「帰還不能点」も軽々と越えていくようになる。

私は、ガザ攻撃で亡くなるパレスチナ人の恐ろしいほどの死者数について、あるイスラエル人女性と激しい議論をしたことがある。彼女の結論はこうである。「もちろん私もパレスチナ人の子どもが死ぬことを悲しいことだと感じる。しかし、亡くなったパレスチナ人一人ひとりに対して、亡くなったイスラエル人に対して抱くのと同じ気持ちを抱いていては、私たちはイスラエルという国に生きていかれない」。数千人の命を奪うことを肯定する人は、いずれ五万人の命を奪うことも肯定するようになるだろう。

ひるがえって日本はどうだろうか。北朝鮮の核開発や〝ミサイル〟発射、中国の海洋進出や尖閣問題、韓国との間に起こる戦争責任や植民地支配責任をめぐる激しい摩擦などの報道に接して、近隣諸国に「脅威」を抱く日本人は多いのではないだろうか。そのことは、

「ナチスの手口を学んだらどうかね」
© MizIno

書店に所狭しと並べられている、「嫌中憎韓本」や過去の日本の戦争責任・植民地支配を否定する本のタイトルを見ていると感じられる。

イスラエル人の私から見れば、「周りの国はすべて敵」と考えるイスラエル人の「国防意識」とそっくりだと感じている。そんな政治状況で、特定秘密保護法や集団的自衛権を行使する「戦争法」に反対して多くの市民が国会前デモを繰り返したが、その後の国政選挙では政府与党が勝利した。「帰還不能点」に気づいて反対の声を挙げた人よりも、無関心な人、気づかないふりをしている人、「国防」を最優先に考える人の方が多かったということだろう。二〇一七年六月一五日、人が生まれながらに持っている人権を蔑《ないがし》ろにする「共謀罪」が成立した。これはここ数年間で最も越えてはならない帰還不能点だった。次の帰還不能点に早く気づかなければならない。国民の自由がなくなる瞬間とは、一人目の逮捕者がでたときではなく、一人目が発言をする前にこの発言をして良いのかと悩み始めた瞬間だ。

「ナチスの手口を学んだらどうかね」――日本の、首相経験もある有力政治家の発言である。もしもこのような発言が欧米でなされたら、発言者は即辞任となる暴言であるが、日本では口が滑った程度の「失言」扱いで、当人は公職に就いたままである。もしかすると、日本はあの時代に私たちの想像以上に近づいているのではないか。赤信号を感じた方が良い。

アウシュビッツを見た私の結論は、宗教、人種、思想、性別に関係なく、人類はアウシュビッツのようなことは二度と繰り返してはならないということだ。さらに、このようなことが二度と起きないように世界に向けて発信していくことも、アウシュビッツを体験した私たちユダヤ人の責任の一つだと言える。しかし、残念なことに、戦争の正当化と差別を生む教育を受けたイスラエルの高校生がアウシュビッツ見学に行くと、戦争の酷さと人間の尊厳の喪失を学ぶより、「国防意識」をさらに高めて帰国するのだ。

日本でも、「平和を希求するクラス」という「学級目標」を貼った小学校の先生が、副校長を介して、校長から「『平和』という言葉には思想的な部分がある。外してほしい」と言われたり（『朝日新聞』二〇一六年七月六日付）、自民党が「子供たちを戦場に送るな」と主張する教師がいたら通報せよという〝密告〟サイトを開設したりしている。いずれ、広島、長崎、沖縄に修学旅行に行く高校生が、その悲惨な過去の事実を前にして、軍事力の強化を願って帰るようになるかもしれない。もしかしたら、「国のために命を捧げるのはすばらしい」というイスラエルの教育と同じように、戦死者を「英霊」として顕彰する靖国神社への

「希望の行進」 © Fanny Ben David の動画から転載

参拝を授業カリキュラムのなかに取り入れる学校も出てくるかもしれない。

イスラエルにも日本にも「帰還不能点」は、目をこらしてみれば、日常のなかにたくさん潜んでいる。過去の歴史の「帰還不能点」（＝教訓）を学び、目の前に「帰還不能点」が現れれば、勇気を出して声を挙げよう。

私のフェイスブックのカバー写真では「脱無関心」という言葉を使っている。関心を持ったら次のステップに踏み出す。二〇一五年には現代の日本社会で政治に遠いと言われていた学生や若いママたちが立ち上がり行動し始めた。

イスラエルでも二〇一四年のガザ侵攻以後四〇人の女性が「Women for peace」という団体を立ち上げた。二〇一六年現在、すでに一万人の運動となっている。これは武力ではなく話し合いでパレスチナとの平和を築こうとアピールしている団体だ。一〇月には二週間にわたって「希望の行進」として各地からエルサレムの首相官邸へ向かってイスラエル人とパレスチナ人の女性たちと支援者の男性たちが共に歩いた。最終日一〇月一九日は二万人の大集会を行い、感動的なスピーチの数々が発信された。

日本とイスラエル、それぞれに帰還不能点に気づいた人たちを応援したい。

おわりに

数年前、我が家を訪問した私の妹が、「私たち四人きょうだいの中で、あなたがお父さんに一番似ている」と言いました。

「どこが似ているの?」と尋ねると、「見た目の他に、人と違うことをやりたがる精神、遠くへ行きたい気持ち」と、妹は答えました。

私は父に似ている。この本の執筆中に、私と同じモシャブ生まれの人からフェイスブックの友達リクエストが来ました。この人は私より八歳年上で、全く面識はありませんでしたが、彼とのやり取りのなかで、彼のお兄さんZVI ROZENが、私たちのモシャブについて本(『The old generation is gone』〈村には老人はもういない〉)を書いたこと、その中に私の父についての記述があることを知りました。以下に、著者の了承を得て、本の一部を抜粋させていただきます。

ナタン・ネフセタイはモシャブの小学校を卒業した三人の天才の一人だった、と長年校長を務めていた人は語った。校長の話によると、学校の歴史上で頭の良い人はたくさんいたが、天才は三人しかいなかった。

優れた理解力によって二回も飛び級したナタン。

モシャブ育ちの子どもとして農業の仕事に従事したが、それ以上の夢を持ちながらモシャブに留まざるを得なかったナタン。

言語能力、学習能力に優れ、モシャブの外の世界に興味を持っていたナタン。

実際に何をしたいのか周囲に理解されていなかったナタン。

そして、彼の夢や希望は現実世界には勝てないと理解したとき、いつまでも乳搾りをするしかないと理解したとき、彼は「決断」をした。

彼の息子が世界の果て、地球の向こう側に住んでいる理由は、これと関係あるかもしれない。

ナタンを知っていた知り合いによると、彼の死の理由は彼のデリカシー、ほとんどの人が見て見ぬふりしていたのと違い、彼は黙ってはいられなかったからだ。はびこる汚職、モシャブの役員が自分のことしか考えていなかったこと、意味もない戦争で

父のトラクターで兄と

人が死ぬこと、そしてあと少しで自分の子どももも入隊し、必要ない戦争で殺されるかもしれないこと、初めから避けられた戦争で、命の価値を下げる戦争で。

死を選び、奥さんと子ども三人を残したナタンのお父さんの影が残った家で生活をした彼もまた死を選び、奥さんと子ども三人、そしてお腹の赤ちゃんを残したのだ。

涙を流しながらこれを読んだ私は、父から正義感を受け継いだのだと感じました。私も見て見ぬふりはできません。父の〝DNA〟が私に声をあげさせ、呼ばれれば、どこでも行って講演をし、そしてより良い未来を考え続けます。

想像力とハート　© MizIno

この本を執筆するにあたって、イスラエルと日本について批判的な部分にウエートを置くか、それぞれの国の良さを書くか、大いに頭を悩ませました。思い悩んだ末に、イスラエルであれ日本であれ、国についての褒め言葉を聞きたかったら、垂れ流しされる国のプロパガンダを聞けばいい。しかし人権が当然のように認められている世界、戦争と核のない世界を実現したければ、そのような世界を私たちの子どもたちに渡したければ、行動を起こす必要があると思い定めて、この本を書きました。

私は、この本に書いた全ての問題点は解決不可能ではないと考えています。そして、この解決のために求められているのは、「想像力」と「心」を使うこと――この二つを正しく使えば、個人としてできること、正しい道を見つけられると思っています。

パイロット養成学校では、練習機に乗る前に一〇〇ページほどのマニュアルを暗記しなければなりませんでした。そのマニュアルの最後には、夜間飛行で全ての電源が故障したという非常事態のケースが書かれていました。対処方法は――？

「周りをよく見てください。あなたは一人です。あなたの状況を知っている人はいません。だから論理的に考えてください」

そう！　答えはこれだけです。

私たちは危機的状況に陥った時、自分一人で論理的に考えるしかないのです。いまのイスラエルも日本も、私からすれば、全ての電源が故障し、真っ暗闇の中を突っ走っているように見えます。どうかみなさん、論理的に考えましょう！

この本のために協力してくれたすべての人へ

感謝します。

二〇一五年五月四日、私はインターネットの「FB憲法九条の会」の記念イベントに呼ばれました。福島みずほさんの講演後、四人のパネリストの一人としての参加でした。そこにいらした「高文研」の真鍋かおるさんから執筆のお話をいただき、二つ返事で引き受けました。書きたいことが岩肌から湧き出る清水のように次々に出てきて、充実した執筆生活を送りました。編集者の彼には、追加、削除、提案と、初めての執筆作業のアドバイスをいただき、完成までお世話になりました。感謝します。

この本のために写真撮影、写真提供の協力をしてくれた人たち、私の望みどおりのイラストを描いてくれたMizInoさん、厳しいチェックと、外国人の日本語をわかりやすい日本語に直し、良いアイディアを出してくれた私の素晴らしい子どもたちと妻にも感謝します。

私の社会活動を共に、そして支援くださるたくさんの人たち。感謝します。

子どもたちが巣立ち、自然に囲まれているログハウス（カバー前袖の写真）に、妻と二人で住みながら、戦争と核のない世界、人権が当然のように守られている世界を夢見ています。

出会ってから三六年間、私を応援してくれている妻のかほる。私の様々な活動と本書を実現するためのかけがえのない助言と愛に大感謝です。

二〇一六年一一月

ダニー・ネフセタイ

【ダニー・ネフセタイ作　私の一票】

私たち一人ひとりは社会の部品の一部であります。しかし、機械の部品と異なって、一人ひとりが大事で重みのある「一票」を持っています。この一票が社会の固いルールに縛られていると、私たちは４年に１回しかこれを使いませんが、いったん機械から外せば毎日活かせます。この一票を外すための「鍵」は私たちの頭の中にあります。

ダニー・ネフセタイ（Dany Nehushtai）
1957年イスラエル生まれ。高校卒業後、徴兵制によってイスラエル国防軍に入隊。3年間、空軍に所属。退役後アジアの旅に出て来日。日本各地をヒッチハイク。その後神奈川の家具会社に勤める。1988年末、埼玉県秩父郡皆野町に居を構え、「木工房ナガリ家」を開設。自宅のログハウスを夫婦で自力建設。夫婦で注文家具、遊具、木工小物、社会性オブジェの創作活動に従事。個展、グループ展など開催。
家具製作のかたわら、幼稚園、保育園、小・中・高・大学、公民館活動、自治体、サークル、個人宅で講演活動を行っている。講演のタイトルは「世界事情から平和を考える」「外国人の目に映る人権」「イスラエルの歴史と今—そして日本」など。
著書に『イスラエル軍元兵士が語る非戦論』（構成・永尾俊彦／集英社新書）『どうして戦争しちゃいけないの？—元イスラエル兵ダニーさんのお話』（あけび書房）がある。
インスタグラム：mokkobo_nagariya
オンラインショップ：nagariya.handcrafted.jp

国のために死ぬのはすばらしい？
——イスラエルから来たユダヤ人家具作家の平和論

●二〇一六年一二月 八 日——————第一刷発行
●二〇二五年 一 月一八日——————第七刷発行

著　者／ダニー・ネフセタイ

発行所／株式会社 高文研
東京都千代田区神田猿楽町二—一—八
三恵ビル（〒一〇一—〇〇六四）
電話03＝3295＝3415
https://www.koubunken.co.jp

印刷・製本／三省堂印刷株式会社

★万一、乱丁・落丁があったときは、送料当方負担でお取りかえいたします。

ISBN978-4-87498-607-3 C0031